청춘을 위한

한줄
공감

인생은 자전거를 타는 것과 같아

균형을 잡으려면 움직여야 하지

한줄공감

윤태근 지음

책공방 초록비

어느 시대이든 청춘은 많은 특권을 지닌 시기입니다. 독특하고 개성 넘치며 기성세대가 되어버린 노땅들이 생각할 수 없는 기발함이 살아 있고 패기와 신념이 넘치는 순수의 시절이기도 합니다.

비록 오늘날의 청춘에게 과도한 스펙 쌓기 어려움과 직업 선택의 좌절감과 주머니 경제의 팍팍함이 있다 해도 청춘은 주눅들 필요가 없습니다. 청춘은 여전히 담대한 희망을 품고 열정에 찬 노력으로 꿈을 이루기 위해 매진할 수 있는 특권의 시기이기 때문입니다.

청춘에게도 한번쯤은 어려움과 좌절이 오게 마련입니다. 시대와 상황이 많이 달라졌다고는 하나 예나 지금이나 사람이 살아가는 데는 인생의 나침판이 필요합니다. 어려움을 겪고 있을 때 누군가 옆에서 해주는 따뜻한 말은 어쩌면 그 사람의 인생을 바꾸는 기적을 일으키기도 합니다. 그런 의미에서 이 책은 이 땅을 살아가는 청춘들에게 도움이 될 만한 격언과 명언들을 모아 따뜻한 말 한마디처럼 엮고 해설을 달아 구성했습니다.

격언이나 명언은 그 자체만으로도 빛이 나지만, 거기에 더
해 그 말을 남긴 인물들의 삶이 증거가 되기에 더욱 찬란합
니다. 때때로 고민과 번뇌에 시달리고 있다면, 인생을 먼저
살아본 위인들이 남긴 격언이나 명언을 통해 다시 한 번 힘
을 내보았으면 좋겠습니다.

청춘들이여, 언제나 희망하십시오.
언젠가 이루게 될 담대한 꿈을.

청춘들이여, 언제나 사랑하십시오.
당신과 당신에게 속하게 될 모든 것을.

청춘들이여, 언제나 일어서십시오.
비록 오늘은 넘어져 힘들더라도 오늘을 일으켜 세우면
내일은 반드시 오는 것.

청춘의 이름으로 그대는 축복을 받기 위해 태어난 사람입
니다.

 차 례

YOUTHHOOD

생각만 하는 나,
갈팡질팡하고 있을 때
결단이
필요해

신은 나에게 나 자신을 맡겼다

에픽테토스 Epictetus

자신의 운명을 남에게 맡기는 사람이 많습니다. 부모님에게, 애인이나 친구에게, 잘나가는 선배나 상사에게 맡겨버리는 사람들. 그들이 당신의 인생을 책임져줄까요? 혹시 그 대가로 그들에게 비굴하게 굴지는 않는지 모르겠습니다. 인생의 주인이 자신이라면 자신의 인생은 자기가 책임을 져야 합니다. 타인에게 인생을 맡기는 행위의 과정은 대개 원망으로 끝나기 마련입니다.

God has entrusted me with myself.

시작은 언제나 오늘이다

메리 월스톤그로크프 Mary Wollstonecroft

공부건 다이어트건 시작은 언제나 결심한 바로 그 순간부터 이루어져야 합니다. 결심하는 그 순간은 필요성을 절실히 느끼고 마음을 다잡는 순간이기 때문이지요. 그 일을 시작할 만한 충분한 에너지가 있다는 말입니다. 바로 그때 시작해야 합니다.

The beginning is always today.

마음은 스스로의
고민거리를 만들어내는 데 있어서
언제나 창의력이 뛰어나다

올리버 골드스미스 Oliver Goldsmith

가만히 앉아 고민하고 있으면 걱정이 꼬리에 꼬리를
물고 이어지지요. '그녀는 지금 나를 어떻게 생각하고
있을까?', '직장을 때려치우면 다시 들어갈 데가 있을까?'
상황이 힘들수록 고민은 이어집니다. 그럴 때는 의식적으
로 생각을 멈추고 몸을 움직여 다른 뭔가를 해보세요. 취미
생활에 몰입하는 것도 좋습니다. 뭐든지 지금의 고민보다
는 나을 테니까요.

오늘의 책임을 피함으로써
내일의 책임을 피할 수는 없다

에이브러햄 링컨 Abraham Lincoln

초등학교 방학 때마다 주어졌던 일기 숙제 기억하시나요? 매일 쓰는 것이 귀찮아 개학날 몰아서 쓰다 보면 내용은 어떻게든 꾸미겠는데, 날씨는 도저히 생각이 나지 않아 고민했던 경험, 있을 겁니다. 매일 10분만 시간을 내서 썼다면 그런 고생 안했을 텐데 말이지요. 책임을 다음으로 미루면 더욱 무거워집니다. 혹시라도 지금 미루고 있는 일이 있다면, 당장 해치워버리세요. 홀가분하게요.

You cannot escape the responsibility of tomorrow by evading it today.

기회 없는 능력은
쓸모가 없다

나폴레옹 보나파르트 Napoleon Bonaparte

아무리 능력이 뛰어나도 기회가 주어지지 않는다면 그 능력은 무용지물입니다. 많은 사람이 열심히 능력을 계발하면 좋은 기회가 올 거라고 믿지요. 어느 정도는 맞는 말입니다. 하지만 꼭 그런 것만도 아니지요. 아무리 능력을 계발해도 세상에는 이미 그 능력을 가지고 있는 사람들로 가득 차 있고 자신이 그 능력을 계발하는 동안 그들은 놀지 않으니까요. 능력 있는 사람 모두에게 공평한 기회가 주어지는 것이 아니므로 능력 중에서도 기회를 만드는 능력, 즉 기획력을 키워야 합니다.

Ability is of little account without opportunity.

모두가 비슷한 생각을 한다는 것은,
아무도 생각하고 있지 않다는 말이다

알버트 아인슈타인 Albert Einstein

이는 창의적 발상의 중요성을 말해주는 세계적인 물리학자 알버트 아이슈타인의 말입니다. 우리는 단조롭게 흘러가는 일상 속에서 다르게 생각하는 것을 외면하는 경향이 있습니다. 그리고 보이지 않는 고정관념 속에 스스로를 가두기도 하지요. 이렇듯 '편안함'에 집중하여 '생각하기'를 회피하다 보면 자신만의 개성이 사라집니다. "잠자코 있으면 중간은 한다."라는 말은 잊으십시오. 약간의 비틀기만으로도 자신의 색깔과 주도성을 되찾을 수 있습니다.

When all think alike, no one thinks very much.

앞날을 결정짓고자 한다면
옛것을 공부하라

공자 Confucius

앞으로 하고 싶은 일이 있나요? 하지만 어떤 것부터 시작해야 할지 모르겠나요? 그렇다면 이미 배운 것부터 공부해보세요. 과거를 통해 새로운 시각을 넓힐 수 있습니다. 어느 길이어도 좋습니다. 당신만의 길을 찾아 시작해보십시오.

Study the past if you would define the future.

많은 인생의 실패자들은 포기할 때
자신이 성공에서 얼마나 가까이 있었는지 모른다

토마스 A. 에디슨 Thomas A. Edison

우리는 성공을 갈망합니다. 그리고 성공을 향해 앞으로 나아갑니다. 하지만 성공을 눈앞에 두고 포기해버리지요. 그 성공이 얼마나 가까이 있었는지 모른 채로……. 지금이라도 일어나서 목표를 향해 한 걸음 나아가세요. 아무리 힘이 들더라도 포기하면 안 됩니다.

Many of life's failures are those who didn't know how close they were to success when they gave up.

지난 일은 어쩔 수 없는바
슬퍼한들 이미 엎질러진 물이다

윌리엄 셰익스피어 William Shakespeare

이미 과거가 되어 버린 일. 슬퍼하고 힘들어 한다고 되돌릴 수 없습니다. 지나간 일에 힘들어 말고 앞으로 주어진 일에서 희망을 찾으면 어떨까요? 감사한 오늘 이 시간, 즐겁게 한 번 웃고 다시 한 번 시작해봅시다.

What's gone and what's past help Should be past grief.

인간은 인생의 방향을 결정할
규칙을 가지고 있어야 한다

존 웨인 John Wayne

어린 시절 어른들은 늘 '꿈'을 가지라고 했습니다. 꿈이 있다는 것은 목표와 목적이 있다는 것입니다. 목적을 향해 목표를 세우고 하나씩 이루어나가다 보면 언젠가 꿈을 이룰 수 있습니다. 자신만의 꿈을 가지고 인생을 설계해보세요. 인생의 밑바탕에 그 설계도를 깔아두고 넓디넓은 세상 속에서 용기있게 나아가보세요.

A man has to have a code, a way of life to live by.

태어나면서부터 현명한 이는 없다

미겔 데 세르반테스 Miguel de Cervantes

현명한 사람은 그냥 주어지는 것이 아니라 자기의 노력으로 이루어가야 합니다. 실수가 있으면 반성하고 더 나은 삶과 생각들로 자신을 발전시킬 수 있어야 합니다. 시간에 맡기지 마십시오. 현명함은 나이가 아니라 스스로 생각하는 것과 경험에 따라 달라지는 것이니까요.

No man is born wise.

인생이란
네가 다른 계획을 세우느라 바쁠 때
너에게 일어나는 것이다

존 레논 John Lennon

인생을 살다 보면 선택의 기로에 설 때가 있습니다. 그 갈래길에서 당신은 멈춰서는 편입니까? 아니면 조금의 망설임도 없이 원하는 길을 택해 곧바로 들어서는 편입니까? 어떤 결정이 좋을지는 아무도 모릅니다. 망설이지 않고 들어선 길에서 뜻밖의 고난을 겪을 수도 있습니다. 하지만 어떤 결정의 길 앞에 섰을 때 가장 중요한 건 자신이 결정한 일에 대해 후회를 하지 않는 것입니다. 우물쭈물하다가는 아무것도 할 수가 없으니까요.

Life is what happens to you while you're busy making other plans.

우리는 젊을 때에 배우고
나이가 들어서 이해한다

마리 폰 에브너 에셴바흐 Marie Ebner von Eschenbach

누군가 말했듯이 뇌는 발바닥에 달려 있습니다. 책을 통해 배울 수도 있지만 자주 걷고 움직여야 생각이 곧고 깊고 풍부해집니다. 그래서 나이가 들어서야 철이 드는지도 모르겠습니다. 나이가 들수록 들어주는 여유를 가져보세요. 살아온 인생이 길다고 하여 발언 우선권을 가진 것은 아니니까요.

In youth we learn; in age we understand.

출생과 죽음은 피할 수 없으므로
그 사이를 즐겨라

조지 산타야나 George Santayana

그래요, 일단 뛰어드세요. 인생사 새옹지마(塞翁之馬)라고 즐기면서 사는 것도 나쁘지는 않겠지요? 언젠가 한 번은 죽음을 맞이하는 것. 되도록 후회를 남기지 마세요. 죽어도 여한이 없을 만큼 열심히 지금의 생을 즐겨보세요.

There is no cure for birth and death, save to enjoy the interval.

싸움에서 질 수 있다는 가능성 때문에
옳다고 믿는 명분을 외면해서는 안 된다

에이브러햄 링컨 Abraham Lincoln

미국 16대 대통령이자 노예해방에 앞장선 에이브러햄 링컨의 말입니다. 두려움 때문에 진실을 외면한다면, 가지고 있던 진실도 외면되고 말 것입니다. 자신이 믿는 선(善)을 행하는 데 있어 불리한 상황이 찾아오더라도 이를 행함에 있어서는 어떤 의심도 가져서는 안 될 것입니다.

The probability that we may fail in the struggle ought not to deter us from the support of a cause we believe to be just.

숙고할 시간을 가져라,
그러나 행동할 때가 오면
생각을 멈추고 뛰어들어라

나폴레옹 보나파르트 Napoleon Bonaparte

우리는 항상 생각을 합니다. 그리고 그 생각이 말로 표현되고 행동으로 나타나게 됩니다. 명심할 것이 있습니다. 실행해야 할 때라고 생각하면 마음의 갈등을 잠시 접고 바로 추진해야 한다는 것입니다. 생각만 하느라 우물쭈물하다가는 때를 놓치기 쉽습니다.

Take time to deliberate, but when the time for action has arrived, stop thinking and go in.

인생에서 원하는 것을 얻기 위한 첫 번째 단계는
내가 무엇을 원하는지 결정하는 것이다

벤 스타인 Ben Stein

어른이 되면 자신을 믿기가 어려워집니다. 세상에는 수많은 방해자들이 있고, 그들은 언제나 우리 주변에서 서성이다 혼란에 빠뜨리고, 부정적인 프로그램을 주입시켜서 자기 자신을 믿지 못하게 만듭니다. 스스로를 의심하기 시작하면 세계적인 농구선수인 마이클조던이라도 공을 던질 수 없을 것입니다. 그러므로 최후의 순간까지도 자신에 대한 믿음을 버려서는 안 됩니다. 그리고 정말로 원하는 것이 무엇인지 결정해야 합니다.

The first step to getting the things you want out of life is this: Decide what you want.

여행은 삶에 관한 상념들에 계속해서 일어나는 깊고 영구적인 변화이다

미리엄 비어드 Miriam Beard

여행은 세 가지 유익함을 줍니다. 하나는 타향에 대한 지식이고, 다른 하나는 고향에 대한 애착이며, 마지막 하나는 자신에 대한 발견입니다. 떠나서야 비로소 자신의 삶이 선명하게 보이고 자신이 보낸 시간이 값진 것인지 부질없는 것인지 판단할 수 있습니다. 내가 살아왔던 곳에서 벗어나 낯선 곳으로의 여행을 떠난다는 것은 용기가 될 수도 있고, 풀지 못한 답을 찾으러 가는 것일 수도 있고 자신에게 주는 쉼이 될 수도 있습니다.

It is a change that goes on, deep and permanent, in the ideas of living.

젊은이를 타락으로 이끄는 확실한 방법은
다르게 생각하는 사람 대신
같은 사고방식을 가진 이를
존경하도록 지시하는 것이다

프레드리히 니체 | Friedrich Nietzsche

오늘날은 소셜네트워크의 시대라고 할 수 있습니다. 트위터, 페이스북, 카카오톡과 같은 프로그램들이 이를 가능하게 했지요. 그러나 니체의 말을 빌려보면, 같은 생각을 가진 사람들만 팔로우하는 것은 위험한 것 같습니다. 나와는 다른 생각, 다른 의견을 가진 사람들도 고루 접해야 편협함의 오류에 갇히지 않을 수 있지 않을까요?

The surest way to corrupt a youth is to instruct him to hold in higher esteem those who think alike than those who think differently.

자신에 대한 정의를 바꿀 만큼 심대한 변화는
삶과 사고방식의 사소한 변화가 아닌,
총체적 탈태(脫態)를 요구한다

마사 베크 Martha Beck

《여유의 기술》의 저자 마사 베크는 삶 자체를 통찰하고 있는 것이 분명합니다. 미국인이면서도 동양철학에 조예가 깊었던 그는 자기 내면의 목소리에 귀를 기울이라며, 삶의 다양한 변화를 통찰할 수 있는 정적 상태에 이르는 의미를 〈노자의 무(無)〉라 했습니다.

굳건했던 믿음이 통째로 흔들린 것 같을 때 마사 베크와 노자의 말을 다시 한 번 읽어보세요.

나는 인생이 나를 위해 특별한 것을 해줄 거라고는 결코
기대하지 않았다. 하지만 나는 내가 희망했던 것보다
훨씬 더 많은 것을 이룬 것 같았다. 대부분의 경우
그런 일은 내가 찾지 않아도 저절로 일어났다

오드리 햅번 Audrey Hepburn

세기의 미녀이자 영화배우인 오드리 햅번은 여려 보이지만 결코 압력에 짓눌려서 무너지는 법이 없었고 연기생할에서 은퇴하여 유니세프의 어린이를 위한 대사가 되었을 때에도 확고한 몰두와 헌신으로 완고한 정치인들에게까지 깊은 인상을 심어주었습니다. 사람이야말로 회복되어야 하고 새로워져야 하고 활기를 얻고 깨우치고 구원받아야 한다며, 누구도 버려서는 안 된다고 했던 그녀는 얼굴보다 마음이 더욱 아름다운 사람입니다.

I never expected it to do anything special for me, yet I seemed to accomplish far more than I had ever hoped. Most of the time it just happened to me without my ever seeking it.

젊음이 행복하다는 것은 그것을 잃은 사람들의 착각이다
하지만 젊은이들은 자신에게 주입된
거짓된 이상으로 가득차 있기에 괴롭다는 것을 알고 있다
그리고 현실을 마주할 때마다 멍들고 상처 입는다

월리엄 서머셋 모옴 William Somerset Maugham

늙고 싶지 않은 마음은 인간의 기본적인 욕망일까요? 얼굴에 나타난 잔주름 하나에도 민감한 요즘. 조금이라도 젊어 보이고 싶은 마음에 20대 중반만 되어도 보톡스 등의 시술에 관심을 갖는다고 하네요. 하지만 행복은 젊다고 더 많이 가지는 것도, 늙었다고 더 적어지는 것도 아닙니다. 오히려 노년이 더 행복하다는 분들도 주변에서 쉽게 볼 수 있습니다. 행복의 의미, 다시 생각해보는 시간이었으면 좋겠습니다.

It is an illusion that youth is happy, an illusion of those who have lost it; but the young know they are wretched for they are full of the truthless ideal which have been instilled into them, and each time they come in contact with the real, they are bruised and wounded.

어른이 된다는 건 착한 아이로 지낸다고 받는 상이 아니야.
승진이나 월급 인상이나 마찬가지로, 어른 대접을 받기
위해 노력하면서 몇 년을 허비할 수도 있어. 조금만 더
노력한다면, 조금만 더 착하게 행동한다면… 하고 말이야.
아니, 어른이 된다는 건 네가 차지해야만 하는 거야.
스스로에게 주는 거지

로이스 맥마스터 부욜 Lois McMaster Bujold

시간이 흐른다고 저절로 어른이 되는 것일까요? 어른의 말을 잘 들으면 그냥 어른이 될까요? 어른이란 무엇일까요? 딱딱하게 굳은 표정으로 앉아 있는 '아이다움'을 잊은 사람들? 나이가 많아서, 머리카락이 희어져서, 돈이 많아서? 어른이란 지혜로운 사람입니다. 그러니 자기 자신이 차지해야만 하는 것이지요.

다른 사람의 생각에 인생을 맞춰가는 것은 노예나 다름없다

라와나 블랙웰 Lawana Blackwell

남의 눈치를 보지 않고 살기란 어렵습니다. 더구나 사회생활을 하는 사람이라면 다른 사람과 유연한 관계를 유지하기 위해 적당히 비위를 맞춰주기도 하고 마음에 없는 말을 하기도 합니다. 하지만 모든 것을 타인의 기준으로 생각하다 보면 자신만의 삶을 잃어버리게 됩니다. 때로는 꿋꿋하게 내 인생의 주권을 지켜야 할 필요가 있지 않을까요?

Patterning your life around other's opinions is nothing more than slavery.

삶이 있는 한 희망은 있다

키케로 Cicero

절망과 희망은 동전의 양면과 같습니다. 절망 뒤에 늘 희망이 있는 이유입니다. 때로는 시련이 우리를 슬프게 합니다. 끝나지 않을 것 같은 고난의 길에 서 있다면 성큼성큼 앞으로 걸어가세요. 뛰어가세요. 길은 끝나고 눈부신 햇살이 당신을 반겨줄 것입니다.

While there's life, there's hope.

나에게 말하라, 그러면 나는 잊을 것이요.
나를 가르치라, 그러면 나는 배울 것이요.
나를 열중시켜라, 그러면 나는 기억할 것이다

나폴레온 힐 Napoleon Hill

무엇이든 원할 때, 열망할 때 그것은 내게 와 남습니다. 원하지 않는 것, 열망하지 않는 것은 바람처럼 왔다가 바람처럼 사라집니다. 지금 당신이 원하는 것, 열망하는 것은 무엇입니까, 간절하면 할수록 깊게 각인될 그것은 무엇입니까?

Create a difinite plan for carrying out your desire and begin at once, whether you ready or not, to put this plan into action.

세상에 좋거나 나쁜 것은 없다
생각이 그렇게 만들 뿐이다

윌리엄 셰익스피어 William Shakespeare

'일체유심조(一切唯心造)'라는 불교용어가 있습니다. 모든 것은 오로지 마음이 지어내는 것임을 뜻하는 말이죠. 삶은 우리의 마음이 만들고 이끄는 것인지도 모릅니다. 늘 좋은 쪽으로만 생각하고 긍정적인 시야를 기르세요.

There is nothing either good or bad but thinking makes it so.

정직하고 용기 있게 인생을 살면
경험을 통해 성장할 수 있다
이것이 바로 인격을 쌓는 방법이다

엘리노어 루즈벨트 Eleanor Roosevelt

어떤 일을 했을 때 그것을 증명할 방법은 무엇인가요? 누군가 당신에게 증거가 있느냐고 묻는다면 당신은 무엇이라 말할 건가요? 무엇을 하든 그것을 증명할 최고의 수단은 경험입니다. 비록 눈으로 보여줄 수는 없지만 경험은 쌓일수록 당신의 인격이 되어 나타납니다.

People grow through experience if they meet life honestly and courageously. This is how character is built.

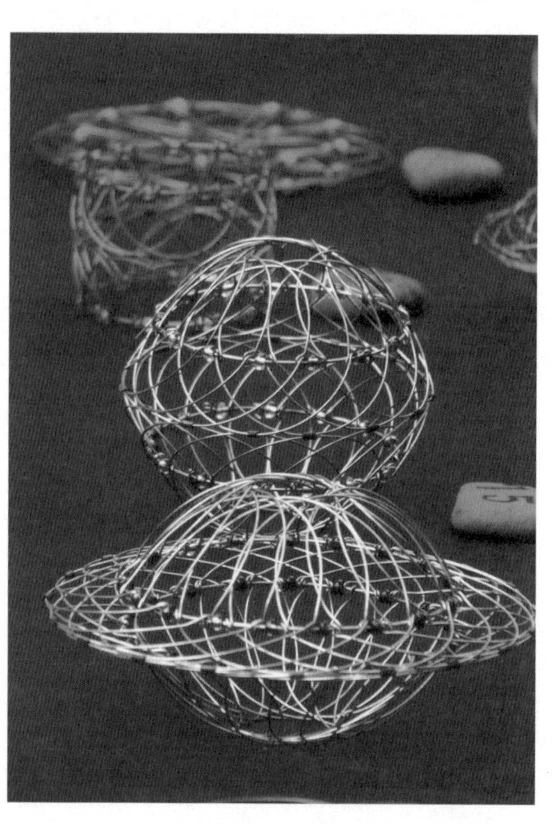

불은 강철을 시험하고,
유혹은 바른 인간을 시험한다

토마스 아 켐피스 Thomas a Kempis

우리는 살아가면서 많은 유혹에 시달립니다. 젊은 시절엔 책을 내던지고 친구들과 놀거나 신나게 술을 들이켜고 싶은 유혹에 시달립니다. 이런 것들을 이기려면 현재 자신의 위치, 해야 할 일들을 생각해 단호하게 물리칠 줄 알아야 합니다. 물론 처음부터 유혹을 떨치기란 쉽지 않습니다. 하지만 단호한 마음가짐을 가지고 거절하다 보면 인생의 수준이 한 단계 높아질 것입니다.

Fire tries iron, and temptation tries a just man.

인생에서 성공하려거든 끈기를 죽마고우로,
경험을 현명한 조언자로, 신중을 형님으로,
희망을 수호신으로 삼으라

조지프 애디슨 Joseph Addison

사람들은 성공한 삶을 살길 원합니다. 하지만 생각만 할 뿐 지금의 어려움만을 탓하는 사람도 많습니다. '나는 운이 없어. 아무것도 안 되는 놈이지.'라고 말입니다. 그럴 때 우리가 잊고 있는 것이 있습니다. 성공한 사람에게도 어려움이 있었다는 사실 말입니다. 성공하려거든 끈기를 가지고 경험을 쌓으십시오. 어떤 일을 행할 때 신중함을 잊지 말고 언제나 희망을 갖도록 해야 합니다. 한발 한발 나아가다 보면 성공은 그리 멀지 않은 곳에서 당신을 맞이할 것입니다.

If you wish success in life, make perseverance your bosom friend, experience your wise counselor, caution your elder brother and hope your guardian genius.

인생의 주인공이라는 사실을 잊지 말아라
지금까지 당신이 행한 의식적, 무의식적인 선택으로
지금의 당신이 존재하는 것이다

바바라 홀 Barbara Hall

어떤 사람도 인생을 대신 살아줄 수 없습니다. 부자인 친구, 자기보다 더 좋은 곳에 취직한 친구를 부러워한다고 해서 그 사람의 인생을 살 수 있는 것은 아닙니다. 생각하는 대로 살지 않으면 사는 대로 생각하게 된다고 합니다. 아침에 일어나 하루를 설계하고 선택하면 그것이 나의 하루를 만들고, 그 하루하루가 모여 자신의 인생이 됩니다.

Because you are in control of your life. Don't ever forget that. You are what you are because of the conscious and subconscious choices you have made.

인생을 쉽게 사는 방법이 두 가지 있는데,
하나는 모든 것을 믿는 것이고,
다른 하나는 모든 것을 의심하는 것이다
두 가지 모두 우리가 사고하지 못하게 만든다

알프레드 코집스키 | Alfred Korzybski

인생을 사는 두 가지 방법이 있는데, 하나는 그저 평범한 삶을 사는 것이요, 다른 하나는 모든 일이 기적인 것처럼 여기며 사는 것입니다. 당신의 선택은 어느 것입니까? 모든 일이 기적인 것처럼 살아가려면 어떻게 해야 할까요? 곰곰이 생각해보세요. 그 답을 당신은 이미 알고 있습니다.

There are two ways to slide easily through life; to believe everything or to doubt everything. Both ways save us from thinking.

시간은 인생의 동전이다
시간은 네가 가진 유일한 동전이고,
그 동전을 어디에 쓸지는 너만이 결정할 수 있다
네 대신 타인이 그 동전을 써버리지 않도록 주의하라

칼 샌드버그 Carl Sandburg

이 세상 모두에게 신이 준 평등한 선물이 있다면 그 것은 바로 시간입니다. 제 아무리 잘난 인간이라도 천 년을 살 수는 없습니다. 우리는 모두가 공평하게 지금 해야 할 일을 포기하고 자신이 원하는 즐거운 일을 할 수도 있고, 지금 즐거운 일을 포기하는 대신 해야 할 일에 몰두할 수도 있습니다. 모든 것은 자신의 선택입니다. 두 가지 모두를 한 번에 할 수 없는 것이 인생입니다. 그리고 우리는 두 가지 중 하나를 선택할 수 있습니다.

Time is the coin of your life. It is the only coin you have, and only you can determine how it will be spent. Be careful lest you let other people spend it for you.

인생을 돈벌이에만 집중하는 것은
야망의 빈곤을 보여주는 것이다
네 스스로에게 너무 적은 것을 요구하는 것이다
야망을 가지고 더 큰 뜻을 이루고자 할 때에야 비로소
진정한 자신의 잠재력을 실현할 수 있다

버락 오바마 Barack Obama

집이 없어 결혼을 못하는 한 젊은 연인은 "전세값만 있었으면……"이라 말하고, 20평 대 아파트에 살고 있는 부부는 "방 한 칸만 더 있었으면……"이라며 아쉬워합니다. 그러나 인생을 돈을 벌기 위해서만 보내는 것은 스스로의 잠재력을 너무 낮게 평가하는 것입니다. 지금 이순간의 당신에게는 엄청난 잠재력이 숨겨져 있습니다. 당신은 젊고 뭐든지 할 수 있어요!

Focusing your life solely on making a buck shows a certain poverty of ambition. It asks too little of yourself. Because it's only when you hitch your wagon to something larger than yourself that you realize your true potential.

훌륭한 가르침은
1/4이 준비 과정,
3/4은 현장에서 이루어진다

게일 고드원 Gail Godwin

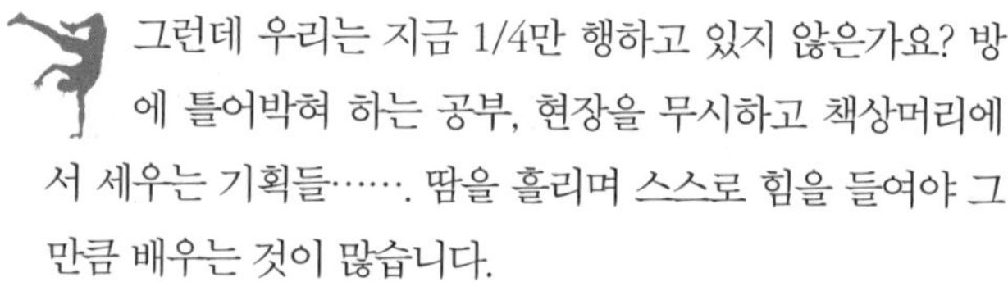

그런데 우리는 지금 1/4만 행하고 있지 않은가요? 방에 틀어박혀 하는 공부, 현장을 무시하고 책상머리에서 세우는 기획들……. 땀을 흘리며 스스로 힘을 들여야 그만큼 배우는 것이 많습니다.

Good teaching is one-fourth preparation and three-fourths theater.

백만 가지 사실을 머릿속에 집어넣고도
완전히 무지할 수 있다

알렉 본 Alec Bourne

돈이 많아도, 사회적으로 지위가 높아도 자신보다 낮은 사람에게 머리를 숙일 줄 아는 사람이 진정으로 현명한 사람입니다. 자신의 의무와 책임을 남에게 미루지 않는 사람, 들은 말을 경솔하게 퍼뜨리지 않고 침묵할 줄 아는 사람, 존재 자체로 평화를 전하는 사람, 자신의 장점과 재능을 과시하거나 교만하게 굴지 않고 감사하게 나눌 준비가 되어 있는 사람이 바로 그런 사람입니다.

It is possible to store the mind with a million facts and still be entirely uneducated.

명성을 쌓는 데는 20년이란 세월이 걸리지만
명성을 무너뜨리는 데는 채 5분도 걸리지 않는다
그걸 명심한다면, 행동이 달라질 것이다

워런 버핏 Warren Buffett

생각은 정말 똑 부러지는데 한 번도 제대로 실행에 옮긴 적이 없다든가, 매사에 일단 저지르고 보는 성격이라든가 하지 않나요? 어느 쪽이든 타인의 신뢰를 사기 어려울 것입니다. 생각하는 것도, 행동하는 것도 자유지만 입 밖으로 꺼낼 때나 행동에 옮길 때는 그것이 현실적인지 이상적인지 충분히 고려해야 합니다.

It takes 20 years to build a reputation but five minutes to ruin it. If you think about that, you'll do things differently.

어떤 생각에 동의하지 않고도
그 생각을 해볼 수 있는 것이
교육 받은 사람의 특징이다

아리스토텔레스 Aristotle

우리가 제대로 된 교육을 받았다면 '생각하는 법'을 익혔어야 합니다. 남의 생각, 남의 언행, 남의 잣대로 사는 것이 아닌, 자신의 생각, 나의 주관, 나의 잣대로 세상을 돌아볼 줄 알아야 하는 것이지요. 그 어떤 생각도 무비판적으로 받아들이지 말고, 잠시라도 그것에 대해 생각할 시간을 가져보기를 바랍니다.

It is the mark of an educated mind to be able to entertain a thought without accepting it.

YOUTHHOOD

지금 하고 있는 일이
불안할 때
용기가
필요해

실패하면 실망할지도 모르지만,
시도조차 하지 않으면
죽은 몸이나 마찬가지다

베벌리 실즈 Beverly Sills

실패가 불가능한 것처럼 행동하십시오. 그러면 당신은 실패하지 않을 것입니다. 스티븐 스필버그는 감독이 되고 싶어 헐리우드의 비어 있는 사무실에 자리를 잡고 감독인 척 행동했다고 합니다. 결국 그는 감독이 되었지요. 시도조차 하지 않으면 실패하지 않을 수 있겠으나 성취 또한 없음을 명심하십시오.

You may be disappointed of you fail, but you are doomed of you do not try.

행동이 반드시
행복을 안겨주지 않을지는 몰라도
행동 없이 행복이란 없다

월리엄 제임스 William James

행복이란 무엇일까요? 〈행복을 찾아서〉라는 영화가 있습니다. 주인공의 삶은 아주 불행해 보입니다. 마치 관객으로 하여금 '당신은 저 사람에 비하면 행복한 거야'라고 말하는 것처럼요. 만약 현재 자신이 매우 불행하다고 생각한다면 주위를 둘러보세요. 따뜻한 눈길로 말입니다. 따스한 햇살과 푸른 하늘. 그리고 맑은 공기가 당신 곁에 있을 것입니다. 삶이 행복해지는 것은 그 삶을 살아가는 당신이 어떻게 하느냐에 달려 있습니다. 행복하다고 느끼면 행복은 당신의 것입니다.

Action may not bring happiness, but there is no happiness without action.

내가 계속할 수 있었던 유일한 이유는
내가 하는 일을 사랑했기 때문이라 확신합니다
여러분도 사랑하는 일을 찾으셔야 합니다
당신이 사랑하는 사람을 찾아야 하듯
일 또한 마찬가지입니다

스티브 잡스 Steve Jobs

'사랑하는 일'은 사랑하는 사람을 찾는 것처럼 단번에 찾을 수 없습니다. 어느 날 갑자기 사랑할 수밖에 없는 사람이 당신 앞에 나타나서 사랑을 고백하지 않듯이 사랑하는 일 또한 먼저 찾아오는 법이 없습니다. 열심히 찾고 두드리고 시도해야 합니다. 만남과 이별을 통해서 자신을 점점 더 알게 되고 자신에게 어울리는 사람을 만날 수 있는 것처럼, 자신에게 어울리는 일을 찾아 하나씩 징검다리를 놓아가세요. 사랑하는 일은 그런 과정을 통해서 찾을 수 있는 것입니다.

I'm convinced that the only thing that kept me going was that I loved what I did. You've got to find what you love. And that is as true for your work as it is for your lovers.

무엇이 삶의 목표이고 꿈인가를 물었을 때 그것을 위해 자신의 목숨을 버릴 각오가 되어 있나요? 그러한 절박함이 없는데 그것이 꿈이라며 성공을 꿈꾼다면 그것은 꿈이 아닌 수많은 희망사항 중 하나일 뿐입니다. 절박함이 있다는 것과 절박함이 없다는 것이 삶의 자세를 다르게 만듭니다. 물론 절박함으로만 성공이 이루어지지 않는 경우도 많습니다. 그러나 절박함을 통해 무엇인가를 이루기 위해 달려왔다면 그 과정에서 무엇인가를 배우고 깨우쳤을 것이고, 다른 일을 할 때도 성공의 기본 조건을 갖춘 셈입니다.

어디를 가든지 마음을 다해 가라

공자 Confucius

감사한 일은 나에게 하루가 주어졌다는 것입니다. 감사한 일은 매일 다른 모습의 시간이 주어진다는 것입니다. 감사한 일은 새로운 만남이 허락되어 있다는 사실입니다. 어디를 가든, 어떤 일을 하든 마음을 다하면 삶에 감사할 일들이 참 많을 것입니다.

Wheresoever you go, go with all your heart.

T B 25 50
KODEX
No EKC
SHUTTER MADE IN ROCHESTER. N. Y. U.S.A. BY
EASTMAN KODAK CO.
29061
2 3 4
No. 2A FOLDING CARTRIDGE
HAWK-EYE
MODEL B
MADE IN U.S.A. BY
EASTMAN KODAK
COMPANY
ROCHESTER. N.Y.

천재는 1%의 영감과
99%의 노력으로 이루어진다

토마스 A. 에디슨 Thomas A. Edison

이 명언은 영감보다 노력이 중요하다는 것을 시사합니다. 하지만 에디슨이 진정으로 말하고 싶었던 것은 그것이 아니었다고 합니다. 에디슨은 이 발언에 대해 이렇게 말했습니다. "내가 신문기자에게 말한 것은 '1%의 영감이 없으면 99%의 노력은 소용없다.'는 것이었다. 그런데 신문에는 1%의 영감이 중요한 게 아니라 99%의 노력에 중점을 두고 보도했다." 에디슨이 진정으로 말하고 싶었던 것은 1%의 영감을 받아 끊임없이 노력하는 자세를 말하고 싶었던 것입니다.

Genius is one percent inspiration, ninety-nine percent perspiration.

가장 현명한 사람은
자신만의 방식을 따른다

에우리피데스 Euripides

오늘도 이 사람 저 사람의 의견에 낙엽처럼 휘둘리지 않았나요? 분명히 목구멍까지 차올라 하고 싶은 말이 있었는데 말이죠. 주변의 소리에 귀를 기울이고 조언을 따르는 것도 좋지만, 가장 좋은 충고는 자기 자신의 목소리란 것을 잊지 마세요.

The wisest men follow their own direction.

겁쟁이는 죽기 전에 여러 번 죽지만, 용사는 한 번밖에 죽지 않소

윌리엄 셰익스피어 William Shakespeare

살아가는 게 아니라 죽어가는 것이라면, 당신은 하루하루 어떻게 살겠습니까? 어떤 삶이든 죽음이라는 끝을 만나게 됩니다. 살면서 죽음을 염두에 두고 미리 고통스러워할 필요는 없지만, '죽는다'라는 것을 한 번도 생각해본 적이 없다면 한 번 생각해봅시다. 죽기 전에 나는 어떤 삶을 살아야 할까요?

Cowards die many times before their deaths; The valiant never taste of death but once.

때로는 살아있는 것조차도
용기가 될 때가 있다

세네카 Seneca

이거 하나만 기억하십시오. 당신은 제대로 살아본 적이 없다는 것을. 당신의 잠재력을 최대한 끌어내 살아본 적이 없다는 것을. 살아있음에 감사하고 용기를 내어 다시 시작해보십시오.

Sometimes even to live is an act of courage.

영원히 살 것처럼 꿈꾸고
오늘 죽을 것처럼 살아라

제임스 딘 James Dean

만약 내일이 약속되지 않는다면 당신은 오늘을 위해 무엇을 할 건가요? 모든 것을 잊어버리십시오. 약간의 희망이라도 남아있었다는 사실조차 잊어버리십시오. 오늘을 어떻게 살아야 할지만 생각하십시오. 오늘이 지나면 다른 오늘이 분명히 찾아옵니다.

Dream as if you'll live forever. Live as if you'll die today.

세월이 간다고 해서 늙는 것이 아니다
이상을 버릴 때 우리는 늙는다

사무엘 엘먼 Samuel Ellmann

사무엘 엘먼의 '젊음(Youth)'란 시에 나오는 구절입니다. 시에서는 영원한 젊음의 조건으로 아름다움, 희망, 활력, 용기, 에너지가 존재하는 것을 꼽았습니다. 늙는다는 것은 이런 것들을 잃어버린다는 것입니다. 나이에 상관없이 우리가 간직하고 잊지 말아야 할 것들입니다.

Nobody grows old merely by a number of years. We grow old by deserting our ideals.......

젊음을 과소평가할 때
나이는 어리석고 부주의한 것이 되고 만다

조앤 K. 롤링 J. K. Rowling

젊음은 가능성의 화수분(貨水盆)입니다. 무엇이든 시도할 수 있고, 무엇을 하든 지금보다 나아질 수 있습니다. 설혹 실패하고 실수한다 하더라도 그것을 만회할 시간은 충분합니다.

Age is foolish and forgetful when it underestimates youth.

인생을 어떻게 살지 배워야 할 필요를 더욱
깨달아야 한다. 왜냐하면 인생은 매우 빠르고,
때로 너무 순식간에 지나가기 때문이다

앤디 워홀 Andy Warhol

당신이 지금까지 얻은 모든 것이 유일한 것이고 이제
더 이상 아무것도 얻을 수 없다면 어떡하시겠습니까?
인생을 다시 시작할 수 있다면 지금까지 얻은 것보다 훨씬
더 많은 것들을 성취할 수 있을 것입니다. 그리고 그것은 한
가지 사실을 일깨웁니다. 우리가 지금 하고 있거나 성취한
일들은 빙산의 일각이란 것을.

People need to be made more aware of the need to work at
learning how to live because life is so quick and sometimes it goes
away too quickly.

여러 가능성을 먼저 타진해보라
그런 후 모험을 하라

헬무트 폰 몰트케 Helmuth von Moltke

앞뒤 재지 않고 뛰어드는 일을 모험이라 하지는 않습니다. 경험하지 않은 일을 시도하는 것도 모험이 아닙니다. 모험이란, 닥칠 위험을 무릅쓰고 원하는 것을 얻는 일. 숱한 노력과 도전의 끝에 비로소 자격이 주어지는 것이죠. 무모한 용기와 모험을 구별하세요. 그것은 준비된 사람과 준비되지 않은 사람, 종이 한 장 차이가 아니라 하늘과 땅 차이입니다. 도전은 젊음으로 충분하지만, 모험에는 지혜가 필요한 법입니다.

First weigh the considerations, then take the risks.

하늘을 날아오르고픈 충동을 느끼는데
살살 기어가라고 한다면 아무도 받아들이지 않는다

헬렌 켈러 Helen Adams Keller

온갖 기념일이 범람하는 시대, 가끔 뭐라도 다 할 수 있을 것 같은 '자신감 충만의 날' 같은 것이 있으면 좋겠습니다. 이날만큼은 평소에 하지 못했던 뭔가를 시도해보는 거죠. 상대방이 뭘 하든지 다 긍정해주고 맞장구 쳐주고 말입니다. 만약 지금 옆 사람이 한창 들떠 아이디어를 쏟아내고 있다면 딴지 걸지 말고 부채질해 줍시다.

One can never consent to creep when one feels an impulse to soar.

네 믿음은 네 생각이 된다
네 생각은 네 말이 된다
네 말은 네 행동이 된다
네 행동은 네 습관이 된다
네 습관은 네 가치가 된다
네 가치는 네 운명이 된다

마하트마 간디 Mahatma Gandhi

지금 당신은 무엇을 하고 있나요? 아침에 일어나 이게 운명이라고, 어차피 운명은 정해진 거라고 생각하며 발걸음을 움직이고 있는 것은 아닌가요? 운명이라는 것은 정해져 있지 않습니다. 모든 것은 선택입니다. 지금 무엇을 하느냐가 바로 결과로 나타나지는 않겠지만 어떻게든 그것은 미래에 영향을 미칩니다. 운명은 선택입니다. 내가 왜 이곳에 이러고 있는지는 과거에 당신이 결정한 것이며, 지금의 결정은 미래의 당신 모습으로 나타날 것입니다.

Your beliefs become your thoughts. Your thoughts become your words. Your words become your actions. Your actions become your habits. Your habits become your values. Your values become your destiny.

인생이 끝날까 두려워하지 마라
당신의 인생이
시작조차 하지 않을 수 있음을 두려워하라

그레이스 한센 Grace Hansen

일이 두려우면 내 일로 만들고, 사람이 두려우면 내 사람으로 만들면 됩니다. 두려움에 떨어 시작조차 하지 못하는 어리석음을 범하지 마세요. 우리가 두려워해야 할 대상은 두려움 그 자체뿐입니다. 우리는 그저 '오늘'만 내 것으로 만들면 됩니다.

Don't be afraid your life will end; be afraid that it will never begin.

현재뿐 아니라 미래까지 걱정한다면
인생은 살 가치가 없을 것이다

윌리엄 서머셋 모옴 William Somerset Maugham

현자들은 무엇을 할 것인가보다 무엇을 하지 않을 것인가 혹은 무엇을 해서는 안 되는가에 집중했습니다. 해서는 안 되는 일을 하지 않으면 자연스럽게 해야 하는 일을 할 수 있기 때문입니다. 현재뿐 아니라 미래까지 걱정하는 일 또한 할 필요도 없고 해서도 안 되는 일입니다. 20~30대는 조급한 마음에 서두르기 쉬워 앞날에 대해 조바심을 내기도 하지만, 지나치면 좌절감만 남을 뿐입니다. 나이가 들수록 해야 할 일을 찾기보다 하지 말아야 할 일을 가려내는 데 시간을 보낼 필요가 있습니다.

Life wouldn't be worth living if I worried over the future as well as the present.

목표에 도달하는 가장 확실한 방법은
그 목표가 아니라 그 너머의 더 야심찬 목표를 향해
나아가는 것이라는 점은 역설적이지만
참되고 중요한 인생의 원칙이다

아놀드 토인비 | Arnold Toynbee

가장 확실하게 미래를 아는 방법은 '미래를 창조하는 일'이라고 합니다. 그렇다면 미래는 어떻게 만들까요? 그것은 바람직한 미래를 상상하고 계획하는 일부터 시작합니다. 목표와 성과를 설정하고 달성을 위한 전략을 세워 실행하는 것입니다.

It is a paradoxical but profoundly true and important principle of life that the most likely way to reach a goal is to be aiming not at that goal itself but at some more ambitious goal beyond it.

행복은 항상 부산물이다
성격 나름이며, 타고난 것일 수도 있다
그러나 인생에서 요구할 수 있는 것은 아니다
자신이 행복하지 않다면 그에 대한 걱정은 그만하고,
자신이 생각하는 불행에서 끄집어낼 수 있는 보물을 보라

로버트슨 데이비스 Robertson Davies

행복이 삶의 부산물이라는 말의 의미는, 행복이 어떤 행동의 결과라는 뜻입니다. 아무런 움직임도 없이 행복해질 수는 없습니다. 행복해지기 위해서는 움직여야 합니다.

Happiness is always a by-product. It is probably a matter of temperament, and for anything I know it may be glandular. But it is not something that can be demanded from life, and if you are not happy you had better stop worrying about it and see what treasures you can pluck from your own brand of unhappiness.

나는 폭풍이 두렵지 않다
나의 배로 항해하는 법을 배우고 있으니까

헬렌 켈러 Helen Keller

고난과 역경 그리고 각종 시련들이 닥쳐올 때마다 헬
렌 켈러의 명언을 떠올려보세요. 거센 폭풍을 두려워
하지 않고 끊임없이 도전하고 방황하는 것이 청춘의 미덕
입니다.

I am not afraid of storms for I am learning how to sail my ship.

이미 끝난 일을 말하여 무엇하며
이미 지나간 일을 비난하여 무엇하리

공자 Confucius

지난 일이 기대만큼 잘되지 못해 속상한가요? 발등을 찍고 싶을 만큼 후회스런 일이 있었나요? 이미 끝난 일은 아무리 생각해보아야 되돌릴 수 없습니다. 돌아보지 말고 앞일을 생각하며 심기일전해 다시 힘을 내보세요.

Things that are done, it is needless to speak about...things that are past, it is needless to blame.

중요한 것은 학습을 중단하지 않고,
도전을 즐기고, 애매모호함을 받아들이는 것이다
종국에는 확실한 해답은 없기 마련이다

마티나 호너 Martina Horner

인생은 마음에 안 든다고 회피하거나 포기할 수 있는 것이 아닙니다. 좋은 싫든 간에 내게 주어진 삶은 살아가야 하죠. 가능성이나 확률을 생각하지 말고 도전하세요. 인생이란 그런 것입니다. 우리가 어디까지 달릴 수 있는지는 오직 하늘만이 알 수 있어요. 이미 경주는 시작되었습니다. 도전을 즐기고 힘차게 달리세요.

What is important is to keep learning, to enjoy challenge, and to tolerate ambiguity. In the end there are no certain answers.

당신이 어떤 일을 해낼 수 있는지
누군가가 물어보면 대답해라
"물론이죠!" 그 다음 어떻게 그 일을 해낼 수 있을지
부지런히 고민하라

시어도어 루스벨트 Theodore Roosevelt

해낼 수 없을 것 같은 일이라도 일단은 부딪혀 도전해보는 자세가 중요합니다. 가보지 않은 길에 대한 막연함에 두려움이 있을 수 있지만 어떤 일이든 부딪쳐 최선을 다하다 보면 어떻게 해내야 하는지 요령이 생깁니다. 다시는 오지 않을 젊은 날의 소중한 시간을 망설이느라 낭비하지 않기를 바랍니다.

Whenever you are asked if you can do a job, tell 'em, 'Certainly I can!' Then get busy and find out how to do it.

궁금증을 풀고 싶다면 어느 주제에 대한 것이든
호기심이 발동하는 그 순간을 잡아라
그 순간을 흘려보낸다면 그 욕구는
다시 돌아오지 않을 수 있고
당신은 무지한 채로 남게 될 것이다

윌리엄 워트 William Wirt

어떤 일이든 때가 있습니다. 그 순간 그때 그 일을 하지 않으면 기회가 오지 않을 수도 있습니다. 열정이 솟구치고, 호기심이 발동하고, 의욕이 충만해지는 그 순간이 행운의 시간입니다. 부디 그때가 되면 만사 제쳐놓고 그 일에 몰두해보십시오.

어려운 직업에서 성공하려면
자신을 굳게 믿어야 한다
이것이 탁월한 재능을 지닌 사람보다
재능은 평범하지만 강한 투지를 가진 사람이
훨씬 더 성공하는 이유다

소피아 로렌 Sophia Loren

챔피언은 수많은 도전자를 상대로 왕좌를 물려주는 순간까지 싸워야 하는 위치입니다. 믿을 수 있는 것은 오로지 자기 자신뿐, 승리할 수 있다는 자신감이 없다면 챔피언이 될 수도, 챔피언 벨트를 지켜낼 수도 없습니다. 인생의 처음부터 끝까지 함께할 내 편은 자신뿐입니다. 새로운 걸 시작하는 것이 두려울 때는 소피아 로렌의 이 말을 떠올리세요.

Getting ahead in a difficult profession requires avid faith in yourself. That is why some people with mediocre talent, but with great inner drive, go much further than people with vastly superior talent.

내 어머니는 성취와 성공의 차이를 분명히 하셨다.
어머니는 말씀하셨다. "성취란 네가 열심히 공부하고
일했으며 네가 가진 최선을 다했다는 인식이다.
성공은 남들에게 추앙받는 것이며, 이것이 멋진 일이긴 하나
그렇게 중요하거나 만족을 주는 것은 아니다.
항상 성취를 목적으로 삼고 성공에 대해선 잊어라."

헬렌 헤이스 Helen Hayes

성공한 인생이란 무엇일까요? 우리가 생각하는 성공한 인생은 대부분 다른 이들이 규정한 돈, 권력, 명예에 대한 것입니다. 그럼 당신이 생각하는 성공은 무엇인가요. 헬렌 헤이스의 성공과 성취에 대한 이야기는 우리에게 성공의 의미에 대한 중요한 성찰을 보여줍니다.

My mother drew a distinction between achievement and success. She said that 'achievement is the knowledge that you have studied and worked hard and done the best that is in you. Success is being praised by others, and that's nice, too, but not as important or satisfying. Always aim for achievement and forget about success.'

성공은 대개 그를 좇을 겨를도 없이
바쁜 사람에게 온다

헨리 데이비드 소로우 Henry David Thoreau

사람들은 대개 성공을 좇아갑니다. 그러면 성공은 열심히 도망을 갑니다. 성공을 좇아서 살다보면 성공할 수 없을 뿐만 아니라 지치고 힘만 듭니다. 당신은 성공을 좇고 있나요? 아니면 성공이 따라올 정도로 열심히 살고 있나요?

Success usually comes to those who are too busy to be looking for it.

"그건 할 수 없어"라는 말을 들을 때마다 나는 성공이 가까웠음을 안다

마이클 플래틀리 Michael Flatley

1849년은 미국 캘리포니아 금광에서 금이 쏟아져나와 '황금의 해'라고 불렸습니다. 그때 있었던 한 청년의 이야기입니다. 파도 파도 황금이 나오지 않자, 청년은 다른 사람에게 금광을 팔아치워 버렸습니다. 그런데 새로 인수한 사람이 단 1미터를 더 파니 노다지가 터졌습니다. 그 청년은 1미터 아래 황금을 보지 못한 것입니다. 지금 포기하고 싶은가요? 한 걸음만 더 떼어봅시다. 지난하게 끌어온 일의 끝이 보이지 않을 때, 한 호흡만 더 가다듬고 전진해봅시다. 어쩌면 1미터 아래 황금이 기다리고 있을지 모르니까요.

Whenever I hear, 'It can't be done,' I know I'm close to success.

나는 성공의 열쇠는 모른다
그러나 실패의 열쇠는
모두의 비위를 맞추려 하는 것이다

빌 코스비| Bill Cosby

모든 사람을 만족시킬 수 있는 삶이란 없습니다. 그런데도 마음이 약해서, 거절을 못해서, 주변의 모든 이를 실망시킬 수 없어서 결단을 내리지 못하는 경우가 많습니다. 하지만 모든 사람을 만족시킬 수 없다면 일단 당신을 만족시키는 삶을 사십시오. 다소 이기적인 당신을 비난하더라도 자신이 하고 싶은 것을 죽도록 노력해서 이루는 것이 성공의 열쇠입니다.

I don't know the key to success, but the key to failure is trying to please everybody.

오직 한 가지 성공이 있을 뿐이다
바로 자기 자신만의 방식으로
삶을 살아갈 수 있느냐이다

크리스토퍼 몰리 | Christopher Morley

연말이나 연초가 되면 새로운 다짐과 계획들로 분주해집니다. 지난해에 부족했던 점을 되짚어 보고 새해에 이루어야 할 목표를 세우면서 좀 더 나은 삶을 살기 위한 채비를 하는 것입니다. 이 무렵에 빠지지 않고 떠오르는 생각이 바로 '올해에는 다른 인생을 살아보자', '내 인생을 한 단계 높여보자'는 것입니다. 하지만 모든 것을 바꿀 수 있는 열쇠를 쥐고 있는 것은 자기 자신입니다. 그런 만큼 많은 계획을 세우기에 앞서 스스로 변화하겠다는 각오를 먼저 다져야 할 것입니다.

There is only one success - to be able to spend your life in your own way.

안나 퀸드랜 Anna Quindlen

〈뉴욕타임즈〉의 오랜 칼럼니스트이자 저명한 작가였던 안나 퀸드랜이 남긴 말입니다. 성공은 남들에게 자랑하기 위한 수단이 아닌 나 자신의 한계를 뛰어넘었을 때 얻을 수 있는 선물입니다. 자신의 신념에 따라 이루고자 하는 것들을 이루고 성취하며 타인이 아닌 자신을 위한 성공을 중요시하는 우리가 되었으면 좋겠습니다.

If your success is not on your own terms, if it looks good to the world but does not feel good in your heart, it is not success at all.

세상은 고통으로 가득하지만,
그것을 극복하는 사람들로도 가득하다

헬렌 켈러 Helen Keller

행동은 어제와 같이 하면서 미래가 바뀌기를 기대하지 마십시오. 미래가 바뀌기를 기대한다면 극복해야 합니다. 무엇을 극복할지에 대해서는 당신 자신에게 자문해보십시오. 이미 당신은 그것이 무엇인지 알고 있을 테니까요.

The world is full of suffering but it is also full of people overcoming it.

일의 기쁨에 대한 비밀은
한 단어에 들어있다
바로 탁월함이다
무엇을 잘할 줄 안다는 것은
이를 즐긴다는 말이다

펄 벅 Pearl S Buck

일을 즐길 줄 아는 사람에게서 탁월함이 나오며, 끊임없이 일을 하는 개미에게서 일당백의 전투력이 나옵니다. 삶을 살아가는 데 있어서는 탁월함도 필요하지만 개미와 같은 꾸준함도 필요합니다. 그리고 탁월함과 꾸준함의 공통점은 즐겨야 해낼 수 있다는 것입니다.

The secret of joy in work is contained in one word - excellence. To know how to do something well is to enjoy it.

완벽이 아닌 성공을 목표로 하라
틀릴 권리를 결코 포기하지 마라
그러면 살면서 새로운 것을 배워
앞으로 나아갈 능력을 잃어버린다

데이비드 M. 번즈 Dr. David M. Burns

사람은 실수를 통해 배웁니다. 실수가 두려워, 허점을
보이기 싫어 완벽만을 추구하는 사람들은 사고의 틀
에 파묻혀 새로운 것을 배우고 앞으로 나아가는 능력을 잃
게 됩니다. 실수를 두려워 말고 실수를 통해 자신을 되돌아
보고 이 경험들이 쌓이다 보면 성공의 큰 토대가 된다는 것
을 명심했으면 좋겠습니다.

YOUTHHOOD

모든 일이 귀찮고
무기력할 때

열정이
필요해

견디기 힘든 것들이
기억해보면 달콤하다

세네카 Senecca

지금 열심히 공부하여 바라는 성취를 이루게 된다면 이는 몇 년 뒤에 돌이켜볼 때 뿌듯하고 자랑스러운 기억이 될 것입니다. 그러나 현재의 달콤한 유혹에 수시로 굴복해 버린다면 이는 몇 년 뒤에 쓰디쓴 기억으로 남을지도 모릅니다. 오늘을 좋은 기억으로 남기기 위해서라도 최선을 다해 현재를 보냅시다.

Things that were hard to bear are sweet to remember.

사람들은 존재하는 것들을 보고
"왜?"냐고 묻지만,
나는 없었던 것을 꿈꾸며
"안 될 게 뭐야?"라고 묻는다

조지 버나드 쇼 George Bernard Shaw

프로축구단 포항 스틸러스 선수 숙소 식당 앞에는 '좋은 말 고구마'와 '나쁜 말 고구마'가 있습니다. 선수들이 오며 가며 '좋은 말 고구마'에는 긍정과 사랑의 이야기를, '나쁜 말 고구마'에는 부정과 안 좋은 이야기를 했는데 결과가 놀라웠습니다. 같은 조건임에도 '좋은 말 고구마'가 월등하게 잘 자란 것입니다. 긍정의 힘은 이처럼 식물에게도 많은 영향을 끼칩니다. 하물며 인간은 어떨까요? 자신의 인생에 "안 될 게 뭐야?"와 같은 긍정의 말을 자주 해주세요.

You see things; and you say, 'why?' But I dream things that never were; and I say, "why not?"

스티브 잡스 Steve Jobs

스티브 잡스가 펩시콜라 사장인 존 스컬리를 애플에 영입하기 위해 한 말이라고 합니다. 잡스의 끈질긴 구애에도 꿈쩍하지 않았던 스컬리는 이 말을 듣는 순간 머리를 망치로 강하게 얻어맞은 충격을 느꼈다고 합니다. 우리에게는 어떤 기회가 있습니까? 지금 당신에게는 어떤 기회가 찾아왔습니까? 그리고 당신은 어떻게 하겠습니까?

Do you want to spend the rest of your life selling sugared water or do you want a chance to change the world?

멈추지 않으면 얼마나 천천히 가는지는
문제가 되지 않느니라

공자 Confucius

지금 실패했다고 생각되는 것이 결코 실패가 아닙니다. 흔히 인생에 세 번의 기회가 찾아온다고 하지만 이것은 분명 거짓말입니다. 기회는 우리가 살아 있는 한 항상 찾아옵니다. 천천히 가더라도 포기하지만 않는다면 그 길의 끝에는 분명 좋은 일이 기다리고 있습니다. 중요한 건 포기하지 않는 것, 중단하지 않는 것, 끝까지 달리는 것입니다.

It does not matter how slowly you go so long as you do not stop.

ONE WAY

강력한 이유는
강력한 행동을 낳는다

월리엄 셰익스피어 William Shakespeare

이루어야 할 강력한 소원이 있다면, 진정으로 간절하게 원한다면, 이룰 수 있습니다. 강력한 동기는 인간을 변하게 할 수 있는 삶의 에너지이자 원동력이니까요. 그 힘을 발판 삼아 끊임없는 노력을 통해 소원을 성취해보세요. 목적의식 없는 '나아감'은 방향성을 잃지만 목적의식 있는 '나아감'은 올바른 곳으로 도착하도록 길을 만들어줄 것입니다.

Strong reasons make strong actions.

얻은 것은 이미 끝난 것이다
기쁨의 본질은 그 과정에 있으므로…

원하는 결과를 얻었을 때의 기쁨은 이루 말할 수 없습니다. 그러나 성취하기 위해 노력하는 과정에서 느낄 수 있는 즐거움과 만족감은 그 이상의 가치가 있습니다. 과정이 아름다울수록 결과도 더욱 빛이 나고 간혹 실패하더라도 다시 시작할 수 있는 힘이 생깁니다.

Things won are done; joy's soul lies in the doing.

돈을 받는 모든 직업은
마음을 빼앗고 타락시킨다

아리스토텔레스 Aristotle

목구멍이 포도청이라든가 일이니까 어쩔 수 없이 한다든가 하는 말을 흔히 듣습니다. 월급에 목숨 걸고 열정이나 정열이 빠진 기성세대의 한숨 말입니다. 그러나 그 말은 점점 죽어가는 인생을 의미합니다. 열정이나 정열에 불타는 일을 하십시오. 그 열정과 정열이 당신을 위대하게 만들 것입니다.

All paid jobs absorb and degrade the mind.

인생은 가까이서 보면 비극이지만 멀리서 보면 희극이다

찰리 채플린 Charlie Chaplin

일본 기타노 다케시 감독의 작품 〈키즈리턴〉이란 영화 혹시 보셨나요? 학교의 문제아 콤비인 두 젊은이가 험한 세상 속에서 살아보겠다고 발버둥치는 이야기입니다. 영화는 두 젊은이의 운명을 예기치 못한 방향으로 끌고 가 정상에 올라갈 때쯤 완전한 패배를 맛보게 합니다. 엔딩 장면에서 두 젊은이는 미소를 짓습니다. 앞으로 더 험난한 하루하루가 기다리고 있을지 모르지만, 어쩌면 인생 밑바닥으로 떨어질지도 모르지만 과거의 패배와 좌절, 절망 따위 더 이상 존재하지 않는 듯 보이는 그 웃음이 인상 깊게 다가옵니다.

Life is a tragedy when seen in close-up, but a comedy in long-shot.

20대에는 의지,
30대에는 기지,
40대에는 판단이 지배한다

벤자민 프랭클린 Benjamin Franklin

20대에 의지가 필요한 것은 수많은 호기심과 유혹에 쉽게 노출되기 때문입니다. 그 모든 것을 누르고 원하는 것을 이루려면 강한 의지 밖에는 없습니다. 지금 당신은 어떠한가요. 강한 의지가 당신을 지배하고 있나요. 강한 의지로 소망하는 것들을 하나씩 이루고 있나요.

At 20 years of age the will reigns, at 30 the wit, at 40 the judgment.

나는 젊음이요,
나는 기쁨이요,
나는 알에서 갓 깬 작은 새다

제임스 M. 배리 James M. Barrie

취업준비로 눈코뜰새 없이 바빠 데이트할 시간도 없는 청춘입니다. 하지만 꿈을 위해 세상에 도전하는 20대는 아직 알에서 갓 깬 작은 새에 불과하지요. 세상을 향해 비상하기 위해 힘차게 날갯짓을 시작할 때입니다. 그 날갯짓이 익숙해질 때 창공을 향해 날아오를 수 있을 것입니다.

I'm youth, I'm joy, I'm a little bird that has broken out of the egg.

성숙이란
어릴 때 놀이에 열중하던 진지함을
다시 발견하는 데 있다

프레드리히 니체| Friedrich Nietzsche

성숙의 사전적인 의미는 몸과 마음이 자라서 어른스럽게 된다는 뜻입니다. 몸만 어른이 된다고 성숙해지는 것은 아닙니다. 이웃과의 관계에서도 서로의 다름을 인정하고 서로 도움을 주고 받을 수 있는 마음의 키가 함께 커져야 비로소 성숙하다고 할 수 있습니다.

Maturity consists in having rediscovered the seriousness one had as a child at play.

눈덩이를 던져보고 싶은 충동이 생기지 않는다면,
당신은 노화의 손아귀에 꽉 붙잡힌 것이다

더그 라슨 Doug Larson

노년의 당신 모습은 붓다처럼 아름다운 성자일 수도 있고, 더없이 늙고 추한 흉물일 수도 있습니다. 탐욕의 노예가 되어 거짓을 일삼고 타인의 삶을 핍박하는 늙은이가 될 수도 있겠지요. 어떻게 늙을 것인가는 정말 중요한 문제입니다. 우리는 늙어가고 있습니다. 어떻게 늙을 것인지를 매순간 선택하며 말이지요.

The aging process has you firmly in its grasp if you never get the urge to throw a snowball.

우리 모두는 초대장도 없이,
비자발적으로 지구에 온 방문객이다
하지만 나에겐 이 비밀조차 감탄스러울 따름이다

어떤 마음의 눈으로 세상을 바라보느냐에 따라 보이는 것이 다를 수 있습니다. 밝은 눈으로 멀리 있는 소망을 보면 아름답고 환한 세상을 볼 수 있습니다. 태어나고 싶어 태어난 것은 아닐지라도 어떻게 살아갈 것인가는 스스로 선택할 수 있습니다. 지구에 온 것을 환영합니다.

Each of us visits this Earth involuntarily, and without an invitation. For me, it is enough to wonder at the secrets.

인생에서 한 사람의 행복이란
열정의 부재가 아니라
열정의 지배 속에 만들어진다

알프레드 테니슨 Alfred Tennyson

인생의 낭떠러지에서도 열정만 있다면 다시 시작할 수 있습니다. 사랑에 대한 갈망, 지식에 대한 탐구욕, 타인의 고통에 대한 연민, 새로운 창조에 대한 욕망……. 어떤 열망이든 열망이 없는 것보다는 당신을 행복으로 이끌 것입니다.

The happiness of a man in this life does not consist in the absence but in the mastery of his passions.

누군가의 인생에
근본적인 변화를 일으키는 것보다
더 큰 기쁨이나 보상은 없다

매리 로즈 맥게디 Sister Mary Rose McGeady

어느 광고에서 나온 이야기입니다. 무거운 짐을 옮기는 노점상 아주머니를 도와주고 길거리 강아지에게 먹이를 주고 외롭게 사는 할머니를 위해 과일을 몰래 가져다놓고…… 매일매일 아무도 알아주지 않는 작은 선행을 베푸는 한 남자. 사람들은 아무런 보답도 얻지 못하는 그의 착한 행동을 마냥 좋게 보지는 않습니다. 하지만 그는 자신의 작은 선행을 통해 주변의 사람들이 조금 더 행복하게 변화하는 모습을 보면서 진정한 사랑과 깊은 이해심을 느낍니다. 누군가를 돕는 작은 선행이 진정으로 세상을 따뜻하게 만들 수 있을지 생각해보게 되는 이야기가 아닐까요?

There is no greater joy nor greater reward than to make a fundamental difference in someone's life.

극복할 장애와 성취할 목표가 없다면
우리는 인생에서
진정한 만족이나 행복을 찾을 수 없다

맥스웰 몰츠 Maxwell Maltz

의미 있는 일을 하고 새로운 것들을 배울 때 우리는 행복을 느낄 수 있습니다. 목표를 정하고 그 목표를 향해 매진할 때, 그리고 성취의 희열을 느낄 때 행복에 다가설 수 있습니다. 아침에 일어났을 때 오늘은 어떤 일이 생길지 궁금한가요? 그런 행복을 찾아가는 모험을 즐겨보십시오.

A가 인생의 성공이라면 A=x+y+z 다
x는 일, y는 놀이,
z는 입을 다물고 있는 것이다

알버트 아인슈타인 Albert Einstein

일을 통한 성취, 놀이를 통한 휴식과 여유, 그리고 입을 닫고 조용히 세상을 관조하는 성찰. 어쩌면 이것은 삶을 잘 살아내는 균형일지도 모릅니다. 치우치지 않고 그렇다고 모자라지도 않는 삶을 살아내는 소중한 지혜 말입니다.

If A is success in life, then A equals x plus y plus z. Work is x; y is play; and z is keeping your mouth shut.

인생이 힘들다고? 그렇지 않다!
우여곡절도 겪고 발버둥치기도 하며
항상 가난했지만 그럴만한 가치가 있었다
내가 내 자식들을 둘러볼 때면, 아아! 인생은 백 배 쯤 더
그럴만한 가치가 있는 것이라 말하게 된다

서머셋 모옴 W. Somerset Maugham

희망이란 어려움이 닥치는 그 순간 나타납니다. 어려움 속에 피어나는 꽃이기에 희망은 가장 큰 가치가 됩니다. 그 꽃이 열매 맺기 위한 또 다른 혹독한 시련이 기다리고 있다 해도 충분히 가볼 만한 가치가 됩니다.

D'you call life a bad job? Never! We've had our ups and downs, we've had our struggles, we've always been poor, but it's been worth it, ay, worth it a hundred times I say when I look round at my children.

A BANTAM BOOK
THE CATCHER IN THE RYE
GER

학생이 되기를 멈춘 자는
한 번도 학생인 적이 없었던 자이다

조르지오 일리스 George Iles

배움은 인생입니다. 배움의 첫 조건은 자만을 버리는 것입니다. 다 이루었다 생각하지 않고 늘 새로운 것이 있다 믿는 것이고 그 새로움을 자신의 것으로 만들기 위해 노력하는 것입니다. 방심하지 않고 더 큰 나를 만들어 늘 비워가는 삶을 살아가는 것이 배움이며 인생의 지혜입니다.

Whoever ceases to be a student has never been a student.

행동만이 삶에 힘을 주고,
절제만이 삶에 매력을 준다

장 폴 리히터 Jean Paul Richter

행동하십시오. 행동하십시오. 행동하십시오. 그리하면 무엇 하나라도 이룰 수 있습니다. 무언가를 이루고 나면 절제의 매력이 무엇인지 알 수 있습니다.

Only actions give life strength; only moderation gives it a charm.

이도 저도 할 수 없다고 생각하는 한,
그것을 하지 않기로 마음먹는 한,
결과적으로 그것을 하기란 불가능해진다

바뤼흐 스피노자 Baruch Spinoza

행동을 하려면 마음을 먹어야 합니다. 마음을 먹으려면 결심이 필요합니다. 결심을 하려면 간절함이 있어야 합니다. 지금 당신의 간절함은 무엇입니까, 마음을 먹게 하고 행동으로 보여줄 그 꿈은 무엇입니까?

So long as a man imagines/ that he cannot do this or that, so long as he is determined/ not to do it; and consequently so long as it is impossible to him/ that he should do it.

발견은 준비된 사람이 맞닥뜨린 우연이다

알버트 센트 디외르디 Albert Szent-Gyorgyi

세상에 그 어떤 행운과 우연도 준비된 사람에게만 찾아옵니다. 길바닥에 떨어진 동전도 어떻게 생긴지 알아야 찾을 수 있습니다. 자신에게 행운이나 기회가 주어지지 않아 성공하지 못했다는 탓은 하지 마십시오. 성공을 위해 무슨 노력을 했는지 생각해보면 왜 자신에게는 행운이나 기회가 없었는지 알게 될 것입니다. 꿈을 포기하지 않고 스스로 노력을 한 사람만이 행운이나 기회를 발견하고 그것을 통해 꿈을 이룰 수 있을 뿐입니다.

A discovery is said to be an accident meeting a prepared mind.

인간은 운명의 포로가 아니라
단지 자기 마음의 포로일 뿐이다

프랭클린 D. 루스벨트 Franklin D. Roosevelt

마음이 조용해지면 질수록 더 많은 것을 느낄 수 있습니다. 우리의 삶이 힘든 건, 우리 안에서 일어나는 내면의 일들을 바쁘다는 핑계로 제대로 들여다보지 않기 때문입니다. 지금 숨을 크게 한 번 들이쉬고 내면을 들여다보세요. 더 큰 나로 만들어줄 내가 그 안에 있습니다.

Men are not prisoners of fate, but only prisoners of their own minds.

우리가 어떤 형태로든
"될 대로 되라지!"라고 할 때마다
무슨 일이 생긴다

스텔라 테릴 만 Stella Terrill Mann

어려움을 겪을 때는 핑계를 찾지 말고 방법을 찾으세요. 둘러댈 핑계도 수없이 많았지만 해결할 방법도 마찬가지로 천 가지나 될 것입니다. 인생의 진정한 승자는 핑계를 대는 사람이 아니라 방법을 찾아 해결하는 사람입니다.

Every time we say, "Let there be!" in any form, something happens.

스스로라는 명사가 동사가 된다
현실에서 이러한 창조의 순간은
일과 오락이 하나가 될 때 일어난다

스티븐 나흐마노비치 Stephen Nachmanovitch

일을 즐긴다는 것은 논다는 의미가 아닙니다. 열정을 쏟아내는 몰입을 의미합니다. 몰입하고 있을 때 일은 세상에서 가장 재미있는 놀이가 됩니다. 당신은 어떤 놀이에 빠져 있나요?

The noun of self becomes a verb. This flashpoint of creation in the present moment is where work and play merge.

새로운 것의 창조는 지능이 아니라
내적 필요에 의한 놀기 본능을 통해 달성된다
창의적인 사람은 자신이 사랑하는 것을 가지고
놀기 좋아한다

칼 융 Carl Jung

정약용은 재능이 부족함을 한탄하는 제자 황상에게 이릅니다. "한번 보고도 외우는 사람은 뜻을 음미하지 못하고, 제목만 던져도 글을 짓는 사람들은 글이 가볍고, 한마디만 해도 알아듣는 사람들은 깊이가 없다." 부족함을 뒤집으면 자기 것이 보입니다. 그러므로 진실로 간절히 원하는 것이 있으면 구체적으로 실천하세요. 간절함이 없는 목표는 시작하기도 전에 뻔한 결말을 예상할 수 있습니다.

문제는
어떻게 새롭고 혁신적인 생각을 하느냐가 아니라
어떻게 오래된 생각을 비워내느냐 하는 것이다.
모든 사람의 머릿속은 케케묵은 가구로 가득찬
건물과 같다. 한쪽 구석을 비워낸다면
창의성이 즉시 그 자리를 메울 것이다

디 혹 Dee Hock

나이가 들어 기력이 쇠해진 한의사가 있었습니다. 그는 침에 힘이 없어졌다며 각고의 노력으로 침법을 바꾸었습니다. 대가들도 살아남기 위해 자신이 가졌던 모든 것을 버리기도 하는데 젊은 우리야 새로운 일을 하는 데에 무엇이 두렵겠습니까?

The problem is never how to get new, innovative thoughts into your mind, but how to get old ones out. Every mind is a building filled with archaic furniture. Clean out a corner of your mind and creativity will instantly fill it.

성공하려고 아무리 열심히 노력해도
실패에 대한 두려움이 마음에 가득하다면
노력하지 않게 되고 정진이 허사가 되어
성공은 불가능해질 것이다

피할수록 두려움은 커지기 마련입니다. 일이 두려워 피하면 할 수 있는 일은 점점 줄어들지요. 이별이 두려우면 사랑은 점점 할 수 없게 됩니다. 두려웠던 일이라면 더더욱 자신의 일로 만들어보세요. 더 이상 그 일이 두렵지 않을 것입니다.

No matter how hard you work for success if your thought is saturated with the fear of failure, it will kill your efforts, neutralize your endeavors and make success impossible.

세월이 흐르면서 너의 신체는
걸어 다니는 자서전이 되어
친구든 낯선이든 모든 사람에게
네 삶의 크고 작은 난관을 말해준다

인생의 스승은 시간입니다. 시간이 지나면 옛 시간이 준엄하게 나를 가르칩니다. 지나간 시간을 탓하거나 실망하지 마십시오. 스승의 가르침을 받아 앞을 바라보며 가르침을 어찌 행하고 변화할 것인지를 생각하십시오. 스승인 시간은 언제나 지금도 늦지 않았다고 말하고 있습니다.

Over the years your bodies become walking autobiographies, telling friends and strangers alike of the minor and major stresses of your lives.

나는 내 주위의 10명 내지 15명으로부터
조언을 구했다. 마침내 한 여자 친구가
핵심적인 질문을 했다
"그럼 당신은 무엇을 가장 사랑하나요?"
그래서 나는 돈을 그리기 시작했다

앤디 워홀 Andy Warhol

당신이 가장 사랑하는 것은 무엇인가요? 그 사랑을 이루기 위해 무엇을 하고 있나요? 사랑은 목숨을 걸어야 하는 것. 당신의 사랑을 꽃 피우기 위해 목숨을 걸 각오가 되어 있나요?

I'd asked around 10 or 15 people for suggestions. Finally one lady friend asked the right question, 'Well, what do you love most?' That's how I started painting money.

긴 하루 끝에
좋은 책이 기다리고 있다는 생각만으로
그날은 더 행복해진다

캐슬린 노리스 Kathleen Norris

배움에 대한 애정과 세상을 등진 외딴 곳. 책이 주는 그 모든 달콤한 평온을 즐겨보십시오. 모든 일이 귀찮고 아무것도 하고 싶지 않을 때 포복절도할 만큼 재미있는 책으로 시간여행을 떠나보세요. 당신을 바보로 만드는 TV는 *끄고*…….

Just the knowledge that a good book is awaiting one at the end of a long day makes that day happier.

아름다운 여자의 마음에 들려고 노력할 때는
1시간이 마치 1초처럼 흘러간다
그러나 뜨거운 난로 위에 앉아 있을 때는
1초가 마치 1시간처럼 느껴진다
그것이 바로 상대성이다

알버트 아인슈타인 Albert Einstein

자신이 좋아하는 일, 하고 싶은 일을 하게 되면 절로 신이 나고 어떻게 흘렀는지 모르게 시간도 잘 갑니다. 대부분은 결과도 좋고, 설령 결과가 좋지 않더라도 최선을 다한 일이기에 후회가 남지 않습니다. 당신은 좋아하는 일을 할 용기가 있습니까? 그것이 현실을 도피하는 마지못한 선택이 아니라면 힘들고 어려워도 그 일을 하는 당신에게 따뜻한 박수를 보냅니다.

들은 것은 잊어버리고,
본 것은 기억하고,
직접 해본 것은 이해한다

공자 Confucius

고대 중국의 사상가였던 공자는 일생을 학문에 바쳤으며 말과 생각보다는 실천을 중시하였습니다. 그가 얼마나 실천을 중시하였는지는 위의 말을 보면 알 수 있습니다. 학습효과에 관한 연구에 따르면 읽은 것은 10%가 학습이 되고, 들은 것은 20%, 본 것은 30%, 보고 들을 것은 50%, 다른 사람과 논의한 것은 70%, 직접 경험한 것은 80%, 다른 사람에게 가르친 것은 95%를 학습한다고 합니다. 몸으로 체험하는 것이 가장 중요한 이유입니다.

I hear and I forget. I see and I remember. I do and I understand.

YOUTHHOOD

불안한 미래가
걱정스러워

희망이
필요해

슬픔은 누구에게나 찾아온다
슬픔을 완전히 해소할 수 있는 방법은 시간 밖에 없다
사람들은 시간이 지나면 괜찮아질 것이라는 사실을
당장에 깨닫지는 못한다. 그러나 이것은 실수다
우리는 반드시 다시 행복해진다

에이브러햄 링컨 Abraham Lincoln

어려움을 겪는 사람에게 섣부른 위로는 독이 되듯이 지금 당장이 힘겹다면 어떤 용기와 위로의 말도 도움이 되지 못할 수 있습니다. 그러나 어려움을 겪었던 많은 사람들이 세월이 지나며 다시 일어섰듯, 지금 꿋꿋이 어려움을 견디어내면 그들처럼 당신도 다시 일어설 수 있을 것이라 장담합니다. 희망은 절망보다 강인하니까요.

Sorrow comes to all... Perfect relief is not possible, except with time. You cannot now realize that you will ever feel better... And yet this is a mistake. You are sure to be happy again.

오늘은 이러고 있지만,
내일은 어떻게 될지 누가 알아요?

윌리엄 셰익스피어 William Shakespeare

10년이 흐른 후 당신은 어떤 일을 하고 있을까요? 시대의 아픔, 절망과 희망 속에서 버겁기만 한 생활이라도 좋은 일이든 궂은일이든 우리가 겪는 모든 것은 다 지나갑니다. 오늘 우리가 겪는 온갖 고통과 그 고통을 이겨내기 위한 의지와 노력은 내일 피게 될 열매가 될 것을 믿습니다.

We know what we are, but not what we may be.

일을 즐기면
일의 완성도가 높아진다

아리스토텔레스 Aristotle

성공이란 무엇일까요? 요즘 같은 경쟁사회에서는 죽기 살기로 뛰어들어야 이룰 수 있는 것입니다. 그래서 성공을 얻는 대신 포기하고 희생해야 하는 대가는 너무도 큽니다. 하지만 조금만 다르게 생각해볼까요? 성공을 향해 가는 과정에서 겪게 되는 재미나 고됨, 인간관계, 실패와 극복, 이 모든 것을 즐길 수 있는 낙관론자가 되어보는 거예요. 그러면 성공을 향해 가는 발걸음도 그리 무겁지는 않을 겁니다.

Pleasure in the job puts perfection in the work.

우리는 얻는 것으로 삶을 꾸려 나가고,
나누는 것으로 인생을 가꾸어간다

윈스턴 처칠 Sir Winston Churchill

생계를 이어나갈 수 있는 방법은 많습니다. 땀 흘려 돈을 벌 수도 있고 부모로부터 재산을 물려받을 수도 있습니다. 아니면 운 좋게 복권에 당첨되어 목돈을 손에 넣을 수도 있습니다. 이런 것은 삶을 유지할 수 있게 해주지만 그 자체로 인생을 가치 있게 만들어주지는 않습니다. 정말 가치 있는 인생은 나눔의 실천에서 시작됩니다. 물질적인 것이든, 마음이든, 내가 가진 것을 나눌 때 비로소 인생은 빛나기 시작합니다.

We make a living by what we get, we make a life by what we give.

작은 변화가 일어날 때
진정한 삶을 살게 된다

레프 톨스토이 | Lev Tolstoy

작은 변화라 생각되는 것들이 실은 결코 작지 않습니다. 우리의 삶은 수많은 논리와 관계망들로 이루어져 있고 그 관계망들이 살아있는 생명체처럼 함께 움직입니다. 작은 변화는 나와 연결된 모든 것들을 움직이고 그 움직임들이 쌓여 거대한 물결을 만듭니다. 나의 조그만 변화는 많은 것을 바꾸어놓습니다. 그러니 변화를 추구한다면 아주 작은 것부터라도 변화하십시오.

True life is lived when tiny changes occur.

우리는 나이가 들면서 변하는 게 아니다
보다 자기다워지는 것이다

린 홀 Lynn Hall

 사람들은 한 해, 두 해 나이가 들수록 많은 것을 잃어
간다고 여깁니다. 독창적이고 진보적이었던 생각, 한
껏 꾸미지 않아도 빛을 발하던 외모, 끝없이 샘솟았던 열정
등 모든 것이 지나간 세월에 비해 시들해진다며 아쉬워합
니다. 정말 잃어버린 것일까요? 오히려 더 깊어졌다고, 나의
색깔이 이제야 완성되어가고 있다고 볼 수는 없을까요?

We did not change as we grew older; we just became more clearly
ourselves.

20대에 당신의 얼굴은
자연이 준 것이지만,
50대의 당신의 얼굴은
스스로 가치를 만들어야 한다

가브리엘 코코 샤넬 Gabriel Coco Chanel

인생의 가치는 세월의 길이에 있는 게 아니라 우리가 그것을 사용하는 데 있습니다. 인생에서 얼마만큼 만족을 찾느냐 하는 것은 세월이 흐를수록 얼굴과 몸가짐에서 자연스럽게 나타납니다. 갈까 말까 망설여지면 가십시오. 살까 말까 고민될 때는 사지 마십시오. 말할까 말까 갈등될 때에는 말하지 마십시오. 줄까 말까 망설일 때는 주십시오. 먹을까 말까 결정이 쉽지 않다면 먹지 마십시오. 그렇게 스스로의 얼굴에 책임을 지십시오.

Nature gives you the face you have at twenty; it is up to you to merit the face you have at fifty.

우리는 2년 뒤에 닥쳐올
변화에 대해서는 과대평가하지만
10년 뒤에 올 변화는 과소평가하는 경향이 있다
그렇다고 스스로를 나태함으로 이끌지는 마라

빌 게이츠 Bill Gates

"가만히 있어라." 이 말은 이미 경쟁의 상위권을 차지한 사람들이 새로 경쟁자가 될 수도 있는 신참자에게 던지는 독설입니다. "이제 쉬어도 된다." "요령도 부리면서 눈치껏 해라." 이런 말들은 경쟁자들이 가장 즐기는 비수입니다. 스스로 단단하십시오. 누군가의 판단이 아니라 자신의 판단과 눈으로 결정하십시오.

We always overestimate the change that will occur in the next two years and underestimate the change that will occur in the next ten. Don't let yourself be lulled into inaction.

다른 사람이 가져오는 변화나
더 좋은 시기를 기다리기만 한다면
결국 변화는 오지 않을 것이다
우리 자신이 바로 우리가 기다리던 사람들이다
우리 자신이 바로 우리가 찾는 변화다

버락 오바마 Barack Obama

내 자신을 정직하게 바라보고 나를 깊이 이해하십시오. 그리고 마치 꿈이 벌써 이루어진 것처럼 자신감을 가지고 행동하십시오. 열심히 준비하면서요. 그러면 신기하게도 그 꿈은 이루어집니다.

Change will not come if we wait for some other person or some other time. We are the ones we've been waiting for. We are the change that we seek.

단연코 인생이 주는 최고의 상은
할 만한 가치가 있는 일에서
온 힘을 다할 기회이다

시어도어 루즈벨트 Theodore Roosevelt

23세에 백혈병으로 사망한 유우키 군은 생전에 이런 말을 남겼다고 합니다. "할 수 있는 놈이 노력하지 않는 걸 보면 멱살이라도 잡고서 '당장 나랑 바꿔!'라고 말하고 싶어진다."

Far and away the best prize that life offers is the chance to work hard at work worth doing.

인생의 절반은
우리가 서둘러 아끼려던 시간과 관계된
무엇인가를 찾는데 쓰인다

그냥 바로 해버리면 되는데 생각이 자꾸 일어나서 아무것도 못할 때가 있습니다. 아침에 일찍 일어나 머리가 맑고 생각이 없을 때 바로 그 일을 해버리세요. 시간 지나면 생각이 또 저항하기 시작합니다.

Half our life is spent trying to find something to do with the time we have rushed through life trying to save.

가장 힘든 일은
아무것도 안 하는 것이다

유대인 격언 Jewish proverb

어떤 일도 할 수 없는, 무기력한 상황에 빠진 것처럼 불행한 경우는 없습니다. 지금 주어진 상황이 비록 힘들더라도 즐거운 마음으로 받아들이는 자세가 필요합니다. 흘린 땀방울은 내가 살아있다는 느낌을 받게 해줄 것입니다.

The hardest work is to go idle.

지식을 얻으려면 공부를 해야 하고,
지혜를 얻으려면 관찰을 해야 한다

마릴린 보스 사번트 Marilyn vos Savant

자신만이 옳다고만 생각하지 마십시오. 당신도 틀릴 수 있습니다. 가장 강하다고 여겨져 왔던 것도 어느 순간에는 약해질 수 있습니다. 지식이 많은 것이 지혜로운 것은 아닙니다. 지식은 공부를 하면 얻을 수 있지만 지혜는 인생을 살아가면서 쌓아가는 것이기 때문에 계속해서 성찰해야 하는 것입니다.

To acquire knowledge, one must study; but to acquire wisdom, one must observe.

아이들이 무엇을 할 수 있는지 확인해보고 싶다면
주는 것을 멈추어 보면 된다

노먼 더글러스 Norman Douglas

어른이 될 자격이 있는지 궁금하다면 주던 것을 멈추어 보면 됩니다. 늘 지급하던 돈을 멈추어 보면 현재 있는 돈을 어떻게 쓸지 알 수 있겠지요. 늘 베풀던 도움을 멈추어 보면 스스로의 가능성과 일을 바라보는 시각을 알 수 있을 겁니다. 또 얼마간의 시간을 두고 아무런 간섭을 하지 않으면 시간의 사용과 중요성을 이해하고 있는지 알 수 있을 겁니다. 이렇게 멈추어 보면 스스로가 무엇을 할 수 있는지 알게 됩니다.

If you want to see what children can do, you must stop giving them things.

남의 말을 따라 하려면 교육이 필요하다
그 말에 도전하려면 두뇌가 필요하다

메리 페티본 풀 Mary Pettibone Poole

다른 사람의 말을 경청하고 이해하는 것도 중요하지만, 비판 없이 받아들이는 것은 곤란합니다. 어떤 사태에 처했을 때 편견에 사로잡히거나 권위에 맹종하지 않고, 합리적이고 논리적으로 사고하고 도전하려면 비판적인 시각이 필요합니다.

To repeat what others have said, requires education; to challenge it, requires brains.

배를 만들고 싶다면,
사람들에게 목재를 가져오게 하고
일을 지시하고 일감을 나눠주는 일을 하지 마라
대신 그들에게 저 넓고 끝없는 바다에 대한
동경심을 키워줘라

생텍쥐페리 Antoine de Saint-Exupery

평범한 아버지는 재산을 물려줍니다. 훌륭한 아버지는 먹고살 수 있도록 배움과 지혜를 물려줍니다. 위대한 아버지는 찬란한 꿈과 꿈을 이룰 수 있는 의지를 물려줍니다. 평범한 아들은 재산을 탐냅니다. 훌륭한 아들은 스스로 일어설 수 있는 자립을 원합니다. 위대한 아들은 꿈을 이루기 위해 새로운 세상으로 떠납니다.
당신은 무엇을 원합니까?

If you want to build a ship, don't drum up the men to gather wood, divide the work and give orders. Instead, teach them to yearn for the vast and endless sea.

가장 중요한 것은 질문을 멈추지 않는 것이다
호기심은 그 자체만으로도 존재 이유가 있다
영원성, 생명, 현실의 놀라운 구조를 숙고하는 사람은
경외감을 느끼게 된다. 매일 이러한 비밀의 실타래를
한 가닥씩 푸는 것으로 족하다.
신성한 호기심을 절대 잃지 말라

알버트 아인슈타인 Albert Einstein

왕성하게 배우고 끊임없는 호기심을 갖고 집요하게 질문할 수 있다는 것은 젊다는 증거입니다. 호기심은 문제가 무엇인지 발견하게 해주는 힘이며, 이를 해결할 수 있도록 하는 출발점이기도 합니다. 우리가 계속해서 날카로운 질문을 던진다면 이에 대한 응답으로 의미 있는 답이 우리 내면에서 나타날 것입니다.

모든 성공은 더 어려운 문제로 가는
입장권을 사는 것일 뿐이다

헨리 키신저 Henry Kissinger

삶을 썩게 만드는 것은 아픔이나 시련이 아니라 성공의 이력과 주변의 찬사입니다. 그것을 흘려버릴 수 있어야 진정한 성공으로 갈 수 있는 길이 열립니다.

Each success only buys an admission ticket to a more difficult problem.

목표에 도달했을 때
돌아서지 마라

퍼블릴리어스 사이러스 Publilius Syrus

위대한 업적을 남긴 사람들의 삶에는 한 가지 공통점이 있습니다. 바로 고집스러울 만큼 강한 집중력을 가졌다는 겁니다. 그들은 목표를 이루기 전까지 한치의 곁눈도 팔지 않습니다. 목표를 이룬 다음에는 지난번 성취한 것보다 다소 높게, 그러나 과하지 않게 다음 목표를 세웁니다. 이렇게 꾸준히 자신의 포부를 키워나갑니다.

Do not turn back when you are just at the goal.

비전만 쫓다 보니
방향을 잃었다

로빈 그린 Robin Green and Mitchell Burgess

당신의 비전은 무엇입니까? 단순히 유명한 대학, 유명한 직장이 꿈인 것은 아니겠지요. 나, 이웃, 사회와 가치관을 점점 넓혀 당신의 비전을 생각해보세요. 무언가 올바른 그림이 그려질 것입니다. 그것을 잘 다독이면 인생을 살아갈 비전을 발견할 수도 있습니다.

I started concentrating so hard on my vision that I lost sight.

우연은 항상 강력하다
항상 낚싯바늘을 던져두라
전혀 기대하지 않은 곳에 물고기가 있을 것이다

오비디우스 Ovid

우연은 언제나 놀랍습니다. 언제 어떤 일이 일어날지 모르니까요. 전혀 기대하지 않았던 곳에 발을 들여놨다가 새로운 인생을 경험할 수도 있습니다. 오늘도 경이로운 삶을 살아봅시다. 우연은 언제 일어날지 몰라서 우연이 아닐까요?

중국인은 '위기'를 두 글자로 씁니다
첫 자는 위험의 의미이고 둘째는 기회의 의미입니다
위기 속에서는 위험을 경계하되 기회가 있음을
명심하십시오

존 F. 케네디 John F. Kennedy

빠른 선택이란 가까이 있는 것을 잡는 것이 아닙니다. 가까이 있으면서도 확실한 것을 잡는 것입니다. 정확한 선택이란 좋은 것을 잡는 것이 아닙니다. 좋으면서도 내게 맞는 것을 잡는 것입니다. 위기를 기회로 바꾸는 선택은 그러해야 합니다.

The Chinese use two brush strokes to write the word 'crisis.' One brush stroke stands for danger; the other for opportunity. In a crisis, be aware of the danger - but recognize the opportunity.

진정 행복하다고 부를 수 있는 사람은
부자가 아닌, 신의 축복을 지혜로 사용할 줄 알고,
극심한 가난을 견뎌낼 줄 알며,
죽음보다 불명예를 두려워하고,
소중한 친구나 조국을 위해 죽는 것을
두려워하지 않는 사람이다

호라티우스 Horace

결국, 인생은 나를 찾아가는 과정입니다. 고통, 갈등, 불안과 같은 어려움은 필연적인 것들입니다. 모두 나를 찾기까지의 과정에서 만나는 것들입니다. 그것들은 나를 만나도록 더욱 강하게 나를 단련시켜줄 것입니다.

It is not the rich man you should properly call happy, but him who knows how to use with wisdom the blessings of the gods, to endure hard poverty, and who fears dishonor worse than death, and is not afraid to die for cherished friends or fatherland.

두려움을 있는 그대로 친구로 삼기 위해서
우리는 스스로를 재교육하고 재프로그래밍해야 한다
힘과 경각심을 선물하는 두려움으로 인해
새로운 상황에서 최선을 다하고 최대한 배울 수 있다고
끊임없이 자신을 설득해야 한다

피터 맥윌리엄스 Peter McWilliams

울고 싶어도 내 인생이니까 내가 책임지고 살아가겠노라고 씩씩하게 다짐하십시오. 이제 더 이상 두려워하지 말고 움츠러들지 말고 단 한 번뿐인 소중한 이 삶을 살아내십시오. 당신의 인생은 오로지 당신을 위해 준비된 행복한 축제의 시간이라는 것을 늘 기억하십시오.

To use fear as the friend it is, we must retrain and reprogram ourselves... We must persistently and convincingly tell ourselves that the fear is here - with its gift of energy and heightened awareness - so we can do our best and learn the most in the new situation.

LEARNING
LEARNING
LEARNING

프랑스의 위대한 육군 원수 리요테는
어느 날 정원사에게 나무를 한그루 심으라고 했다
정원사는 그 나무는 성장이 더디기 때문에
다 자라려면 100년은 걸린다며 반대했다
리요테는 이렇게 대답했다
"그렇다면 지체할 시간이 없네. 오늘 오후에 당장 심게!"

존 F. 케네디 John F. Kennedy

많은 성공명언이 뜻하는 공통점은 원하는 것을 얻기 위해서는 즉시 계획을 세우고 실행해야 한다는 것입니다. 우연히 얻게 된 행운마저도 계획과 실행에서 비롯된다고 하니 오늘도 계획하고 실행하며 성공을 이루어가길 빕니다.

The great French Marshall Lyautey once asked his gardener to plant a tree. The gardener objected that the tree was slow growing and would not reach maturity for 100 years. The Marshall replied, 'In that case, there is no time to lose; plant it this afternoon!'.

당신이 일에 쏟아 붓는 시간이 중요한 게 아니다
중요한 것은 당신이 시간을 쏟아 붓는 일 그 자체다

샘 유잉 Sam Ewing

비가 와도 가야 할 곳이 있는 새는 하늘을 날고, 눈이 쌓여도 가야 할 곳이 있는 사슴은 산을 오르고, 길이 막혀도 가야 할 곳이 있는 연어는 물결을 거슬러 오릅니다. 당연히 해야 할 일이라면 어떤 장애가 있어도 그것을 헤쳐 나갈 노력과 의지가 필요합니다.

It's not the hours you put in your work that counts, it's the work you put in the hours.

탁월함을 완성하는 데에는
오랜 시간이 걸린다

퍼블릴리어스 사이러스 Publilius Syrus

노력과 용기는 일회용이 아닙니다. 삶은 길고 가야 할 길은 멀기만 합니다. 당신의 꿈이 단지 어떤 직장에 들어가는 것만이 아니라면 당신의 꿈이 자신뿐 아니라 주변의 모든 사람들에게 기여하는 위대한 것이라면 노력과 용기는 더더욱 일회용이 아니라 인생 전체와 함께 가는 동반자여야 합니다.

It takes a long time to bring excellence to maturity.

아는 것을 안다 하고,
모르는 것을 모른다 하는 것이
참으로 아는 것이다

공자 Confucius

때때로 허세를 부리고 큰소리쳐보고 싶은 청춘이지
만 거짓으로 치장하는 것은 삼갈 일입니다. 진실은
언제나 수면 위로 올라옵니다. 거짓된 허세는 언제나 가슴
을 찌르는 비수가 되어 돌아옵니다.

When you know a thing, to hold that you know it; and when
you do not know a thing, to allow that you do net know it-this is
knowledge.

알겠지만,
상상력에는 시간 허비가 필요하다
길고, 비효율적이며 즐거운
게으름, 꾸물거림, 어정거림

브렌다 유랜드 Brenda Ueland

기발함과 독특함은 젊음의 특권입니다. 하지만 정리되지 못하고 상상만 하다 사라진 것들은 공상에 불과합니다. 어느 날 문득 기발함과 탁월한 생각이 스쳐간다면 그 생각을 잡으세요. 그리고 그것을 정리해보세요. 세상을 바꿀 위대한 생각의 단초가 될 수도 있습니다.

So you see, imagination needs moodling - long, inefficient, happy idling, dawdling and puttering.

나는 삶을 변화시키는 아이디어를
항상 책에서 얻었다

벨 훅스 Bell Hooks

한 권의 책을 읽음으로써 자신의 삶에서 새 시대를 본 사람이 너무나 많습니다. 앞으로 살아갈 일이 막막하다면 그 힘을 독서에서 얻는 것도 좋은 방법입니다.

Life-transforming ideas have always come to me through books.

시간에 대한 느긋한 태도는
본질적으로 풍요의 한 형태이다

보니 프리드먼 Bonnie Friedman

미래에 대한 걱정으로 조급해하고 있는 것은 아닌지요. 시간을 낭비하고 있다는 조바심에 안절부절 못하는 것은 아닌지요. 시간을 잃지 않기 위해 버둥거리는 것보다는 시간을 통제하며 주도권을 가지고 당당히 살아가는 삶을 위해 노력하십시오. 시간은 누구에게나 똑같이 주어집니다.

An unhurried sense of time is in itself a form of wealth.

인간의 삶 전체는
단지 한 순간에 불과하다
인생을 즐기자

플루타르코스 Plutarch

우리 마음은 행복하기 위해서 이런 저런 조건이라는 틀을 만듭니다. 사람들이나 내 상황이 그 틀에 딱 맞으면 행복할 것이라고 여기지요. 하지만 그 틀이 있는 한 행복은 찾아오지 않습니다. 자신이 붙인 조건이 현재를 불행하게 만드니까요. 행복은 멈춰선 의자가 아니라 달리는 기차입니다. 매순간을 소중히 여기다 보면 긴 세월은 저절로 흘러갑니다.

The whole life of man is but a point of time; let us enjoy it.

미래에 사로잡혀 있으면
현재를 있는 그대로 볼 수 없을 뿐 아니라
과거까지 재구성하려 들게 된다

에릭 호퍼 Eric Hoffer

과거를 애절하게 들여다보지 마십시오. 미래가 당신을 불안하게 하지 마십시오. 현재만이 당신의 것입니다. 어렴풋한 미래를 확실하게 잡으려면 두려움 없이 오늘을 맞이해야만 합니다.

A preoccupation with the future not only prevents us from seeing the present as it is but often prompts us to rearrange the past.

아무 하는 일 없이
시간을 허비하지 않겠다고 맹세하라
우리가 항상 뭔가를 한다면
놀라우리만치 많은 일을 해낼 수 있다

토마스 제퍼슨 Thomas Jefferson

좋은 악보도 피아노에 앉아 건반을 두드리지 않으면 쓸모없는 종이에 불과합니다. 고민하고 망설이는 시간은 성공을 보장해주지 않습니다. 오직 멈추지 않는 도전만이 성공을 이뤄가는 방법입니다.

Determine never to be idle...It is wonderful how much may be done if we are always doing.

YOUTHHOOD

내가 살아갈
세상을 위해

노력이
필요해

내가 오르는 길이 아무리 험난한 길일지라도
이 길이 절벽이 아니기에
나는 이 길을 헤쳐 나갈 수 있다

에이브러햄 링컨 Abraham Lincoln

이기고 지는 것은 흔해빠진 결과일 뿐입니다. 하지만 아무도 당신의 노력을 평가할 수는 없습니다. 누군가 "노"라고 말할 때 당신은 "예스"라고 말할 수 있어야 합니다. 당신은 점점 그렇게 될 수 있습니다. 당신의 가능성을 믿으십시오. 결국 당신은 승리할 것입니다.

두려움에 대한
가장 과감하고 효과적인 해결책은
직접적인 발언이다

월리엄 번햄 William Burnham

두려움을 없애기 위해 우리는 행동할 줄 알아야 합니다. 행동함으로써 두려움을 약화시킬 수 있으며, 우리가 취한 행동이 두려움의 원인을 제거할 수도 있습니다. 두려움을 방치하면 우리의 의식과 영혼은 좀먹을 것이므로 행동하십시오. 행동은 두려움을 정복합니다.

The most drastic, and usually the most effective remedy for fear is direct action.

항의해야 할 때 침묵하는 죄가
겁쟁이를 만든다

에이브러햄 링컨 Abraham Lincoln

자유엔 대가가 따르는 법. 항의해야 할 때 침묵하는 것이 죄가 되듯 자유로움을 위해서는 미움 받는 용기가 필요합니다. 자유를 위해, 불의를 보았을 때, 미움 받는 걸 두려워하지 말고 입을 여세요. 그럴 때의 침묵은 죄를 짓는 것입니다.

To sin by silence when they should protest makes cowards of men.

우리에겐 구글, 애플, 다른 무료 소프트웨어 등
우리를 방심하지 않게 할 멋진 경쟁자들이 있다

 당신이 이겨야 할 사람은 당신의 경쟁자가 아닌 바로
어제의 당신입니다. 어제의 당신에게 지지 마세요.

Whether it's Google or Apple or free software, we've got some
fantastic competitors and it keeps us on our toes.

인성은 쉽고 조용하게 계발될 수 없다
시련과 고통의 경험을 통해서만 영혼은 강해지고,
야망이 고무되고, 성공이 이뤄질 수 있다

헬렌 켈러 Helen Keller

공자와 붓다는 사람의 수준을 셋으로 나누었지요. 원래 좋은 사람, 교화하면 좋아질 사람, 구제불능인 사람. 일반적으로 돈과 권력 앞에서 사상은 무력해지고 인성은 강력해집니다. 구제불능인 사람도 시련과 고통의 과정을 겪는다면 인성이 발현될 수 있습니다.

Character cannot be developed in ease and quiet. Only through experience of trial and suffering can the soul be strengthened, ambition inspired, and success achieved.

용기의 핵심 부분은
신중함이다

윌리엄 셰익스피어 William Shakespeare

파랑새를 찾아 험한 여행을 떠나는 치르치르와 미치르처럼 우리는 원하는 것을 찾기 위해 너무 먼 곳을 찾아 헤매곤 합니다. 용기와 자신감은 다른 누구를 통해 구해지는 것이 아니라 애초에 각자의 가슴 속에 있는 것입니다. 처음부터 내면의 소리에 귀를 기울여 마음의 이야기를 듣는다면, 우리가 그토록 원하는 삶에 대한 용기와 자신감을 조금은 쉽게 찾을지도 모릅니다.

The better part of valour is discretion.

지혜가 넘치더라도 덕이 없다면
권력을 얻어도 반드시 잃을 것이다

공자 Confucius

우리 주변을 둘러보면 지혜로워서 권력을 얻은 사람들이 있습니다. 하지만 자세히 관찰해보면 그들은 지혜로울지는 몰라도 덕이 없을 수 있습니다. 권력을 가졌지만 덕이 없는 사람들은 주위 사람들이 마음으로 따르지 않습니다. 그러한 권력이 과연 오래 갈까요? 우선 덕을 쌓으십시오. 한 마디 인사에도 진심을 다해 행하면 덕이 찾아옵니다.

When a man's knowledge is sufficient to attain, and his virtue is not sufficient to enable him to hold. whatever he may have gained, he will lose again.

젊은 날의 의무는
부패에 맞서는 것이다

커트 코베인 Kurt Cobain

한 사람의 가질 수 있는 권한의 크기는 그 사람의 공공성의 크기에 비례합니다. 적어도 우리가 속한 조직에서는 그래야 하지요. 리더가 권한의 크기에 어울리는 책임의식을 갖추지 못했을 때, 내가 살아가는 세상이 부조리로 얼룩져 있을 때, 우리는 분노할 줄 알아야 합니다. 어느 시대를 막론하고 젊은이들의 해야 할 일은 부패에 맞서는 것입니다.

The duty of youth is to challenge corruption.

가슴 깊은 신념에서 말하는 '아니오'는
그저 다른 이를 기쁘게 하거나
위기를 모면하기 위해 말하는
'예'보다 낫고 위대하다

마하트마 간디 Mahatma Gandh

우리는 가끔 "아니오"라고 말해야 할 때 "예"라고 말합니다. 주변 분위기를 살피거나 남을 기쁘게 하기 위해 또는 위험에서 벗어나기 위해서지요. 그러나 암흑을 직시한다는 것은 암흑에 저항하는 삶을 사는 것입니다. 그리고 암흑을 없애는 가장 좋은 방법은 자신을 광명으로 바꾸는 것. 광명이 확대되면 암흑은 저절로 사라집니다. 어느 순간에는 진정으로 가슴 깊은 신념에서 우러나온 "아니오"를 말해야 한다는 말입니다.

A 'No' uttered from deepest conviction is better and greater than a 'Yes'mere;y uttered to please, or what is worse, to avid trouble.

사실, 인생의 어느 같은 시점에서
돈을 벌기 위한 회의에 참석하는 동시에
그 돈을 기부하기 위해 다른 회의에 가는 것은
다소 혼란스러우리라 생각했다

빌 게이츠 Bill Gates

세상을 움직이는 방법에는 여러 가지가 있으며, 그중 하나는 '나눔'입니다. 많은 사람들이 나눔에는 거액의 돈과 많은 시간투자가 필요하다며 다음으로 미룹니다. 그러나 내가 할 수 있는 작은 것부터 실천해간다면 나눔은 더 이상 어려운 일이 아닙니다. 누군가와 기꺼이 나누고자 하는 사람을 향한 마음이 있다면 말입니다.

I actually thought that it would be a little confusing during the same period of your life to be in one meeting when you're trying to make money, and then go to another meeting where you're giving it away.

자신의 인생 제1 원칙에 대해
의심을 품어보았다는 것은
교양 있는 사람이라는 증거이다

올리버 웬델 홈스 2세| Oliver Wendell Holmes Jr.

오늘날은 기계화된 세계, 프로세스가 지배하는 세계입니다. 그런 까닭에 현대인은 어떤 지적 자극을 받아도 수동적으로 반응할 뿐, 의문을 던지지 않습니다. 파스칼은 "생각하는 일은 의심하는 일에서 출발한다."라고 했습니다. 의심하고 질문하는 능력을 가진 사람은 현명한 사람임에 틀림없습니다.

To have doubted one's own first principles is the mark of a
civilized man.

때때로 우리가
작고 미미한 방식으로 베푼 관대함이
누군가의 인생을 영원히 바꿔놓을 수 있다

마가릿 조 Margaret Cho

상대방의 사소한 실수에 우리는 쉽게 화를 내고 다그칩니다. 돌아서서 후회할 것을 뻔히 알면서도 당장 치밀어 오르는 감정을 통제하지 못하는 것이죠. 단 몇 마디의 말이, 작은 행동 하나가 상대방에게 깊은 상처를 줄 수 있습니다. 반대로 아무렇지 않게 베푼 호의가 평생 누군가의 기억에 남을 터닝포인트가 될 수도 있습니다.

Sometimes when we are generous in small, barely detectable ways it can change someone else's life forever.

더 이상 의심할 것이 없을 때까지 의심하라,
의심은 생각이고, 생각이 곧 인생이다
의심을 품지 못하게 하는 체제는
생각을 마비시키는 장치이다

알버트 게랄드 Albert Guerard

맹신은 모든 믿음, 편견, 오류를 이성적으로 검토해 보지 않은 채 받아들이는 것입니다. 지성은 맹신이 아니라 의심과 회의에서 생깁니다. 세상에 의심하지 않는 지성인은 존재하지 않습니다. 지성인들을 흔히 '자유인'이라고 부르지요. 그것은 그들이 어떤 명제나 사상도 쉽게 믿지 않고 그것이 맞는지를 스스로 탐구해보고 판단하기 때문입니다.

Doubt 'til thou canst doubt no more...doubt is thought and thought is life. Systems which end doubt are devices for drugging thought.

지나치게 도덕적인 사람이 되지 마라
인생을 즐길 수 없게 된다
도덕 그 이상을 목표로 하라
단순한 선함이 아니라 목적 있는 선함을 가져라

헨리 데이비드 소로우 Henry David Thoreau

한 인디언 마을의 체벌 방식이 참으로 독특합니다. 주민들이 모두 한 마디씩 그 사람의 일생 중 가장 좋았던 점을 이야기하는 것입니다. 그 얘기를 다 듣고 나면 그 사람은 '나도 전에 괜찮은 사람이었구나. 희망이 있구나.' 하며 회복이 된다 하죠. 우리도 할 수 있을까요?

Do not be too moral. You may cheat yourself out of much life.
Aim above morality. Be not simply good; be good for something.

관습적인 성공을 인생의 중요한 목표라고
젊은이들에게 설교하지 말아야 한다
학교와 인생에서 가장 큰 동기는
일의 기쁨, 그 결과에서 얻는 기쁨,
그리고 그 지역에 이바지한 가치를 아는 것이다

알버트 아인슈타인 Albert Einstein

우리 청춘에게 필요한 것은 다른 사람을 존중하는 법과 함께 하는 삶을 즐기는 것입니다. 모든 것을 점수화하고 이득이 될 것과 아닌 것을 구분하는 것보다 함께 하면 더 좋은 일을 찾아보세요. 혼자할 때보다 더 큰 결과를 만들어낼 수 있습니다.

One should guard against preaching to young people success in the customary form as the main aim in life. The most important motive for work in school and in life is pleasure in work, pleasure in its result, and the knowledge of the value of the result to the community.

당신은 살아 있다. 행동하라
인생의 과제와 윤리적 책임은 그리 복잡하지 않았다
완전한 문장이 아닌 몇 단어로도 표현할 수 있었다
'보아라, 들어라, 선택하라, 행동하라'처럼

바바라 홀 Barbara Hall

당신이 만약 지금 이 순간 죽는다면 당신과 함께 사라지는 것은 무엇인가요? 꿈인가요? 아이디어인가요? 재능인가요? 잠재적인 리더십인가요? 아니면 당신이 보여주지 못한 위대함인가요? 매일이 새로운 하루이듯 매 시간이 새로운 순간입니다. 그러니 지금 밖으로 나가서 그들에게 보여주세요. 당신은 완전히 다른 생명체임을. 지금 당장.

You're alive. Do something. The directive in life, the moral imperative was so uncomplicated. It could be expressed in single words, not complete sentences. It sounded like this: Look. Listen. Choose. Act.

가장 큰 영광은
한 번도 실패하지 않음이 아니라
실패할 때마다 다시 일어서는 데에 있다

공자 Confucius

살면서 겪는 실패로 인해 자신의 꿈을 포기하는 많은 사람들을 보십시오. 당신도 아마 계속 실패하고 있을 것입니다. 꿈을 이루는 데 있어 가장 중요한 것은 실패를 안 하는 것이 아니라, 거듭된 실패에도 다시 일어나는 데 있습니다. 인간이 단 한 번의 실패로 좌절하는 존재였다면 우리는 아마 원시시대에 머물러 있을 것입니다.

Our greatest glory is not in never falling, but in rising every time we fall.

나는 믿음을 존중하지만
우리를 가르치는 것은 의구심이다

윌슨 미즈너 Wilson Mizner

믿음 속에서도 한 가닥의 의구심은 존재할 수 있습니다. 의심하고 두려워하는 마음은 세상을, 역사를 진보하게 만듭니다. "지구가 과연 평평할까?"란 의구심은 지구의 모양이 둥글다는 것을 확인시켜주었고, "지구가 세상의 중심일까?"란 의구심은 우주와 태양계를 발견하는 계기가 되었습니다. 이처럼 의구심은 우리를 진일보하게 하고, 의구심이 해소되면 그것은 믿음이 됩니다.

I respect faith, but doubt is what gets you an education.

나는 나의 할아버지가
어떤 사람이었는지 잘 알지 못한다
그러나 그 분의 손자가 어떤 사람이 될 것인가에
훨씬 더 관심이 있다

에이브러햄 링컨 Abraham Lincoln

어떤 사람이 될 것인지는 내가 결정할 수 있습니다. 그리고 그 기본은 자신을 믿는 것에서부터 시작합니다. 자신도 믿지 못하면서 무엇인가를 이루려 한다는 것은 어불성설입니다. 나를 아는 것이 밝음입니다. 자기를 등불로 하고 자기를 의지할 곳으로 삼아야 합니다.

I don't know who my grandfather was; I'm much more concerned to know what his grandson will be.

옛사람들이 '신을 위해서' 행했던 것을
요즘 사람들은 돈을 위해서 행한다

프레드리히 니체 Friedrich Nietzsche

'부'란 많은 돈을 쥐고 있는 것만을 뜻하지 않습니다. 진정한 부자가 되고 싶다면 내적인 부, 신체적인 부, 가족과 사회적인 부, 일에서의 부, 경제적인 부, 모험의 부, 사회적인 영향력의 부를 그려야 합니다. 혹시 당신은 경제적인 부만 좇고 있지는 않은지요. 부에 대해 다시 생각해보는 시간을 갖길 바랍니다.

What we once did 'for the sake of God' we now do for the sake of money.

존 F. 케네디 John F. Kennedy

공부를 중국어로 말하면 '쿵푸'입니다. 많은 사람들이 쿵푸를 무술이라고 생각하지만 사실 쿵푸란 육체와 정신을 끊임없이 갈고 닦는 삶의 태도 그 자체를 말합니다. 쿵푸는 타는 목마름으로 스스로를 갈고 닦아야 합니다. 쿵푸가 육체, 정신을 가리지 않고 모든 분야에 대한 자기수양을 의미하듯, 우리 인생에서 배움이란 삶에서 마주치는 모든 순간을 갈고 닦는 것은 아닐까요?

Liberty without learning is always in peril; learning without liberty is always in vain.

교육은 읽을 줄 알지만
무엇이 읽을 가치가 있는지 모르는
수많은 사람을 배출해냈다

G. M. 트리벨리언 G. M. Trevelyan

우리는 교육을 좋은 것이라고만 생각합니다. 그러나 교육은 양날의 칼입니다. 교육은 지적 독립성과 자율성을 키울 수도 있지만, 반대로 시키는 대로만 생각하고 행동하는 로봇을 만들 수도 있습니다. 그러므로 자기 생각 없는 배움이란 잘못된 것일 수 있습니다. 배움에도 스스로 생각하고 판단하는 능력이 필요합니다.

Education... has produced a vast population able to read but unable to distinguish what is worth reading.

이 세상의 유일한 악마는
우리 마음에서 날뛰고 있기에,
모든 전투는 마음속에서 이루어져야 한다

마하트마 간디 Mahatma Gandh

사람들은 이 세상에 선과 악이 존재한다고 생각합니다. 하지만 그 악마는 바로 우리 마음속에 있습니다. 마음속 악마에 의해서 우리 자신이 악마가 되기도 합니다. 그러므로 우리는 마음속 악마에게 저항해야 합니다. 아니 맞서 싸워야 합니다. 그리고 끝내 이겨야 합니다.

The only devils in this world are those running around in our own hearts, and that is where all our battles should be fought.

아이들에게 순종을 제외한
모든 것을 기대하는 오늘날과 달리
아이들에게 순종 외에는
아무것도 기대하지 않았던 시절이 있었다

아나톨 브로야드 Anatole Broyard

'착하다'는 것과 '바르다'는 것은 다른 것입니다. 착한 사람은 불의 앞에서 침묵하고 굴종할지 모르지만, 바른 사람은 침묵하지 않고 저항해서 불의를 정의로 바꾸려 합니다. 착하고 바르게 살려면 그렇게 행동해야 합니다. 그렇지 않다면 그것은 착하고 바르게 사는 것이 아닙니다. 바른 사람이 되어야지 착하기만 한 것은 오히려 불의를 도울 수 있습니다.

There was a time when we expected nothing of our children but obedience, as opposed to the present, when we expect everything of them but obedience.

함께 있는 사람들보다 학식이 높아 보이지 마라
당신의 학식을 회중시계 마냥 주머니 속에 감춰라
단지 시간을 세기 위해 시계를 꺼내지 마라
누군가가 시간을 물어보면 알려줘라

《소학》에 "위에 있으면서 교만하지 않으면 아무리 지위가 높아져도 위태하지 않고, 예절과 법도를 삼가면 아무리 재물이 가득해도 넘치지 않는다."라는 구절이 있습니다. 사람과 사람 사이에 있어 돈보다는 마음을, 잘남보다는 겸손을, 배움보다는 깨달음을 이루십시오.

If you want to make peace, you don't talk to your friends. You talk to your enemies.

우자(愚者)가 현자(賢者)에게 배우는 것보다
현자가 우자에게 배우는 것이 더 많다
현자는 우자의 실수를 타산지석 삼아 피하지만,
우자는 현자의 성공을 따라하지 않기 때문이다

무언가를 배우는 데 가장 큰 장애는 모르는데 아는 체하는 것입니다. 모른다 이야기하고 바로 그 자리에서 배우면 되는데 아는 체하니까 계속 모르면서도 아는 것처럼 연극해야 합니다. 자존심을 버리고 솔직해지면 바로 얻을 수 있습니다.

The greatest friend of Truth is time, her greatest enemy is Prejudice, and her constant companion Humility.

진실의 가장 큰 친구는 시간이고,
진실의 가장 큰 적은 편견이며,
진실의 영원한 반려자는 겸손이다

찰스 칼렙 콜튼 Charles Caleb Colton

우리가 어떤 이들보다 낫다고 생각하는 이유는 우리 안 어딘가에 열등감이 자리를 잡고 있기 때문입니다. 남을 헐뜯기에 앞서 자기 자신을 바로잡으십시오. 타인에 대한 비난은 언제나 정확하지 않습니다. 왜냐하면 아무도 그 사람의 내부에서 일어난, 또는 일어나고 있는 일을 알 수 없기 때문입니다.

Nothing is as far away as one minute ago.

어느 나이가 지나면 독서할수록
마음은 창의성으로부터 멀어진다
너무 많이 읽고 자기 뇌를 너무 적게 쓰면
누구나 생각을 게을리 하게 된다

알버트 아인슈타인 Albert Einstein

반박하거나 오류를 찾아내려고 책을 읽지 마세요. 이야기와 담화를 찾아내려고도 읽지 마세요. 숙고하고 고려하기 위하여 읽으세요. 사귀는 친구만큼 읽는 책에도 주의가 필요합니다. 생각 없이 읽는 독서는 그저 시간을 죽이는 것일 뿐입니다.

Reading, after a certain age, diverts the mind too much from its creative pursuits. Any man who reads too much and uses his own brain too little falls into lazy habits of thinking.

과거를 기억 못하는 이들은
과거를 반복하기 마련이다

조지 산타야나 George Santayana

과거에서 교훈을 얻을 수는 있어도 과거 속에서 살 수는 없습니다. 하지만 과거에 대한 반성이 없다면 잘못은 계속해서 거듭될 수 있습니다. 과거를 기억하고 청산하라는 말은 그 일에 대해 책임을 지우고 앞으로 나아가자는 의미가 있는 것입니다.

Those who cannot remember the past are condemned to repeat it.

랄프 왈도 에머슨 Ralph Waldo Emerson

인생은 연습이 없습니다. 예측불가능하고 무슨 일이 일어날지 아무도 모르기에 살아볼 만한 가치가 있는 것이지요. 한 번뿐인 인생, 무엇을 할지 결정하셨나요? 인생을 어떻게 보낼지는 당신만이 결정할 수 있습니다.

This time, like all times, is a very good one, if we but know what to do with it.

DECISION

절망과 좌절에 빠져
허우적거릴 때

위안이
필요해

실패는 우회로이지
막다른 길이 아니다

지그 지글러 ZigZiglar

꼭 이루고자 했던 일이 실패로 끝났을 수도 있습니다. 아마도 세상이 끝난 것처럼 느껴지겠지요. 하지만 성공 후 기대되는 평안한 길이 없어졌을 뿐, 세상 자체가 끝난 것은 아닙니다. 과거 실패했던 사람들의 경우만 보더라도 포기하지 않는 한 그들의 인생이 끝나지는 않았으며 단지 시간이 조금 더 지체되었거나 다른 인생항로를 선택했을 뿐입니다. 결코 실패를 인생의 끝이라 여기지 마세요.

Failure is a detour not a dead-end street.

어떤 것이 계획대로 되지 않는다고 해서
그것이 불필요한 것은 아니다

토마스 A. 에디슨 Thomas A. Edison

우리는 자신의 관점에서 모든 것을 보고 판단합니다. 자기중심적이라 할 수 있지요. 그렇지만 당신에게 필요 없는 것이라 해서 가치가 없는 것일까요? 살다 보면 당신의 계획대로 되지 않은 게 있을 테지만, 계획대로 되지 않았다고 해서 시간만 낭비했다고 치부할 수 없는 이유입니다.

Just because something doesn't do what you planned it to do doesn't mean it's useless.

제일 비참하다고 할 수 있는 동안은
아직 제일 비참한 게 아니다

윌리엄 셰익스피어 William Shakespeare

슬픈 일이 일이 생겼습니까? 가만히 놓아두면 자연스럽게 사라질 일을 마음속에 계속 담아두고 되새기면서 괴로워하고 있습니까? 감정의 물결이 사라지지 못하도록 잡아두면 자신만 비참해집니다. 흐르는 대로 흘러가게 두어야 합니다.

The worst is not So long as we can say, "This is the worst."

책이 천장에, 하늘에 닿는다
내가 쌓은 책은 높이가 1마일은 된다
내가 얼마나 이 책들을 사랑하는지!
내게 이 책이 얼마나 필요한지!
내가 이 책들을 읽을 때쯤이면
나는 긴 수염을 기르고 있을 것이다

아놀드 로벨 Arnold Lobel

술 마시고 커피 마시는 것은 주저하지 않으면서, 커피 두세 잔 값인 책 한 권 사는 것은 주저합니다. 하지만 한 명의 은인이 나의 운명을 바꿔주는 것처럼, 한 권의 책이 나를 더 나은 사람으로 바꿔놓을 수 있습니다. 은인을 만나는 것은 하늘의 도움이지만, 책은 내 스스로 선택할 수 있으니 얼마나 다행인가요.

Books to the ceiling, Books to the sky, My pile of books is a mile high. How I love them! How I need them! I'll have a long beard by the time I read them.

우리에게껜 가장 귀중한 선물인 자유가 있다
예술과 사랑을 표현할 자유,
우리가 원하는 대로 될 자유가 있다
그런 자유를 포기하지 않을 것이며
그 누구도 우리에게서 자유를 빼앗아 갈 수 없다

다이앤 프롤로브 Diane Frolov

나름의 포부를 가지고 스스로 결정을 내릴 수 있는 자유, 자신의 능력에 맞게 감정적으로 정신적으로 성숙해질 수 있는 자유, 행복의 비결은 필요한 것을 얼마나 갖고 있는가가 아니라 불필요한 것에서 얼마나 자유로워지는가 하는 것입니다.

We hold in our hands, the most precious gift of all: Freedom.
The freedom to express our art. Our love. The freedom to be who
we want to be. We are not going to give that freedom away and no
one shall take it from us!.

인간은 자신이 필요로 하는 것을 찾아 세계를 여행하고 집에 돌아와 그것을 발견한다

조지 무어 George Moore

집으로 가는 길은 행복합니다. 집으로 가는 길은 마음을 편안하게 합니다. 집으로 가는 길은 하루 일과를 마무리하고 새로운 내일을 준비하는 설렘입니다. 집으로 가는 길은 하루를 곱게 물들이는 참 좋은 풍경입니다. 행복은 먼 곳에 있지 않습니다. 바로 당신의 옆 가까이에 존재합니다.

A man travels the world over in search of what he needs and returns home to find it.

E. E. 커밍스 E. E. Cummings

사람처럼 웃는 개, 사람처럼 웃는 고양이 등 이따금 인터넷에는 웃는 듯한 표정을 하고 있는 동물들이 등장합니다. 설령 정말 웃는 것이 아니라고 해도, 그런 사진을 보면 빙그레 미소가 지어지지요. 웃는 얼굴은 그만큼 사람의 마음을 뒤흔드는 힘이 있습니다. 혹시 지금 답답한 일로 우울하다면, 시원스레 한바탕 웃고 다시 시작해보세요.

The most wasted of all days is one without laughter.

슬픔은 찰나의 고뇌이며,
슬픔에 빠지면 인생을 망친다

벤자민 디즈라엘리 Benjamin Disraeli

마음속에 고통, 미움, 절망, 슬픔이 쌓이면 독소 같은 응어리가 생겨 마음의 병을 앓게 됩니다. 이럴 땐 삶을 하나의 무늬로 바라보려 노력하십시오. 행복과 고통은 다른 세세한 사건들과 섞여 정교한 무늬를 이룹니다. 시련도 그 무늬를 더해 주는 색깔이 됩니다. 그래야 마지막 순간이 다가왔을 때 우리는 그 무늬의 완성을 보고 기뻐할 수 있습니다.

Grief is the agony of an instant, the indulgence of grief the blunder of a life.

좋아하는 일이니까 항상 좋을 것이라고 기대하는 것은 잘못입니다. 좋아해서 시작했던 일도 시간이 지나면 재미가 없어지고 힘든 시간이 될 수 있습니다. 어떤 일이든 고된 시간을 이겨내야 결실이 있다는 사실을 명심하세요.

Have courage for the great sorrows of life and patience for the small ones; and when you have laboriously accomplished your daily task, go to sleep in peace. God is awake.

결코 후회하지 말 것, 뒤돌아보지 말 것을
인생의 규칙으로 삼아라
후회는 쓸 데 없는 기운의 낭비이다
후회로는 아무것도 이룰 수 없다
단지 정체만 있을 뿐이다

캐서린 맨스필드 Katherine Mansfield

가슴 졸이며 어떤 일을 하고 나서 원하는 결과를 얻지 못하면 '차라리 하지 말 걸.'이라며 후회를 합니다. 하지만 하지 않은 것에 대한 미련은 더 오래 마음에 남게 되지요. 자신이 걷지 않은 길에 대한 미련이 없으려면 많은 것을 경험해보고 자신이 생각하는 최선의 선택을 해야 합니다. 이미 했던 일에 대한 후회는 시간이 지나면 사라지지만, 하지 않은 일에 대한 후회는 잊히지 않을 만큼 각인됩니다.

Make it a rule of life never to regret and never to look back.
Regret is an appalling waste of energy; you can't build on it;
it's only for wallowing in.

인내하지 못하는 자는 얼마나 불행한가?
천천히 아물지 않는 상처가 어디 있단 말인가?

윌리엄 셰익스피어 William Shakespeare

당신의 고난을 당신의 기쁨과 비교해보십시오. 그 모든 것을 한 걸음 물러서서 바라보십시오. 인내하지 못하는 사람은 작렬하는 태양 아래서 일하는 고통만 생각할 뿐, 일을 끝내고 나무 그늘에서 바람을 쐬며 휴식할 때 만끽하는 행복감을 생각하지 못하는 법입니다.

How poor are they who have not patience! What wound did ever heal but by degrees.

인생을 다시 산다면
다음번에는 더 많은 실수를 저지르리라

나딘 스테어 Nadine Stair

인생은 수정으로 만든 계단이 아닙니다. 거기엔 압정도 널려 있고 나무가시들과 부러진 널빤지 조각들도 있고, 카펫도 깔리지 않은 맨바닥입니다. 그래서 삶을 돌이켜보면 실수를 하거나 잘못된 선택을 한 것처럼 보이는 경우가 있습니다.

실수하는 사람은 실수하지 않는 사람보다 빨리 배웁니다.

실수하는 사람은 실수하지 않는 사람보다 깊게 배웁니다.

실수하는 사람은 실수하지 않는 사람보다 쉽게 적응합니다.

If I had my life to live over... I'd dare to make more mistakes next time.

훈련이 전부다
복숭아도 한때는 쓴 씨앗이었고,
꽃배추도 대학교육을 받은 양배추에 불과하다

마크 트웨인 Mark Twain

세계적인 수준의 탁구선수가 0.25초 만에 날아오는 탁구공을 되받아치는 모습을 볼 때 평범한 사람들은 그가 탁구에 천부적인 재능을 타고났다고 생각합니다. 그러나 그 탁월한 경지를 가능하게 한 것은 최고가 되려는 내적 동기와 목적의식이 분명한 오랜 기간의 훈련뿐입니다.

성공은 영원하지 않고,
실패는 치명적이지 않다

마이크 디트카 Mike Ditka

사람은 각자 자기만의 책을 집필해가고 있습니다. 성공도 실패도 그 책의 내용 중 일부입니다. 지나고 보면 성공도 실패도 다 인생의 한 자락입니다.

Success isn't permanent, and failure isn't fatal.

팀(team)에는 내(i)가 없지만 승리(win)에는 내(i)가 있다. (I = 나)

마이클 조던 Michael Jordan

개인의 성공이라고 해서 혼자만의 힘으로 이루어지는 것은 아닙니다. 거기에는 가족, 친구, 동료들의 도움도 포함되어 있습니다. 어떻게 해야 한 집단에서 개인의 능력을 효과적으로 활용할 수 있을까 하는 것은 어려운 과제입니다. 그러나 즐거운 도전이기도 하지요. 성공적인 팀의 일원이 되는 것 역시 굉장히 멋진 일입니다.

There is no "i" in team but there is in win.

작은 기회로부터
종종 위대한 업적이 시작된다

데모스테네스 Demosthenes

기회는 타이밍이기 때문에 시기적절하게 잡지 못하면 이미 기회가 아닙니다. 성공한 사람들은 한결 같이 기회를 적극적으로 활용하기 위해 부지런히 움직였던 사람들입니다. 아침에 일찍 일어나는 새가 벌레를 잡듯이 말이지요.

Small opportunities are often the beginning of great enterprises.

WINTER PA

위대한 이들은 목적을 갖고,
그 외의 사람들은 소원을 갖는다

워싱턴 어빙 Washington Irving

단순한 희망만으로는 안 됩니다. 하늘에다 소원을 비는 것이 아니라 이루고자 하는 명확한 목적이 중요합니다. 그래야만 계획성 있게 노력하는 것이 가능하니 말입니다.

Great minds have purposes, others have wishes.

내가 목표에 달성한 비밀을 말해줄게
나의 강점은 바로 끈기야

루이 파스퇴르 Louis Pasteur

어떤 일이든 시간과 과정이 필요합니다. 마음이 급하다고 해서 중간 단계를 건너뛰고 서두르다 보면 낭패를 보는 경우가 많습니다. 특히 자신의 인생에 있어 중요하다고 여기는 일에는 좀 더 신중해야 합니다. 간단하고 쉬운 일부터 하나씩 꾸준히 노력하는 자세가 결국 당신을 성공으로 이끌어줄 것입니다.

Let me tell you the secret that has led me to my goal. My strength lies solely in my tenacity.

품질이 물량보다 중요합니다
한 번의 홈런이 두 번의 2루타보다 나아요

스티브 잡스 Steve Jobs

고객의 구매 결정에 영향을 미치는 가장 큰 요인은 뭐니뭐니해도 품질이라고 합니다. 빨리 먼저 가는 것도 중요하지만 천천히 정성을 다하면, 그 어떤 것보다 우위에 설 수 있습니다. 두 번의 2루타는 점수를 내지 못하지만, 홈런은 그 자체만으로 점수를 냅니다.

Quality is more important than quantity. One home run is much better than two doubles.

코리타 켄트 Corita Kent

하나하나의 물방울이 모여 강을 이루듯, 우리가 살아가는 찰나의 순간이 모여 인생이 됩니다. 책을 읽고, 밥을 먹고, 잠을 자는 일들이 모여 인생이 됩니다. 그러므로 시간을 낭비하지 마십시오. 한 순간이라도 소중하지 않은 시간이 없습니다. 당신은 지체할 수도 있겠지만, 시간은 그러하지 않을 것입니다.

Love the moment, and the energy of that moment will spread beyond all boundaries.

나는 앵무새가 말을 하는
유일한 새라는 것을 압니다
그런데 이 새는 그리 높이 날지 못합니다

윌버 라이트 Wilbur Wright

인생이 그렇습니다. 뭐든지 한꺼번에 잘하는 것은 불가능합니다. 하나를 잘하면 다른 하나는 부족할 수도 있습니다. 그러니 자신의 잘하는 장점을 살려 갈고닦는 것이 현명합니다.

I know of only one bird - the parrot - that talks; and it can't fly very high.

돈이 다 무슨 소용인가?
사람이 아침에 일어나고 밤에 잠자리에 들며
그 사이에 하고 싶은 일을 한다면
그 사람은 성공한 것이다

밥 딜런 Bob Dylan

살다 보면 돈이 많은 사람보다, 잘난 사람보다, 많이 배운 사람보다 마음이 편한 사람이 훨씬 좋음을 느끼게 됩니다. 돈이 다가 아니고, 잘난 게 다가 아니고, 많이 배운 게 다가 아닌 소박함 그대로가 제일이라는 것을 깨닫게 됩니다.

What's money? A man is a success if he gets up in the morning and goes to bed at night and in between does what he wants to do.

사업의 성공은 훈련과 절도, 고된 노력을 요한다
그러나 이런 것들에 지레 겁먹지만 않으면
성공의 기회는 오늘도 그 어느 때 못지않다

데이비드 록펠러 David Rockefeller

우리는 언제나 성공을 갈망합니다. 돈을 많이 버는 것이 성공이 척도가 되기도 하지요. 하지만 어떤 성공이든 훈련과 노력이 필요합니다. 기본적으로 출석은 하고 A 학점을 기대하거나 승진을 바라는 것이 맞는 것입니다. 자신이 해야 할 기본도 하지 않은 채 성공을 바란다면, 욕심이라 할 수밖에 없습니다.

Success in business requires training and discipline and hard work. But if you're not frightened by these things, the opportunities are just as great today as they ever were.

이상적인 인간은 삶의 불행을
위엄과 품위를 잃지 않고 견뎌내
긍정적인 태도로 그 상황을 최대한 이용한다

아리스토텔레스 Aristotle

시련의 파도가 몰려왔을 때 어쩔 줄 몰라 하지 말고 조용한 곳에 가서 자신의 마음을 아주 고요히 바라보세요. 마음과 깊은 침묵이 닿으면 알게 됩니다. 시련을 이겨낼 수 있는 힘이 그 안에 있다는 사실을······.

The ideal man bears the accidents of life with dignity and grace,
making the best of circumstances.

운명이 가하는 고통에
우리는 인내심을 가지고 맞서야 하며,
적이 가하는 고통에
남자다운 용기로 맞서야 한다

투키디데스 Thucydides

참을성을 당신의 옷으로 입으십시오. 욕된 일을 막아
줄 것입니다. 신념과 용기를 당신의 밥으로 드십시오.
시련을 극복할 양식이 되어줄 것입니다.

The sufferings that fate inflicts on us should be borne with
patience, what enemies inflict with manly courage.

새로운 것을 창조해내는 사람들은 드물고
그렇게 하지 못하는 사람들은 수없이 많다
그러므로 후자가 더 강한 것이다

가브리엘 코코 샤넬 Gabriel Coco Chanel

증기기관에서 인공위성까지, 퍼스널 컴퓨터에서 스마트폰까지 문명의 혜택을 누리는 보통 사람들은 뛰어난 재능을 가진 천재들에게 빚지고 있습니다. 그렇다면 문명과 인간의 발전을 끌어올린 천재들만 위대한 것일까요? 천재들이 할 몫이 따로 있고 보통 사람들의 몫이 따로 있습니다. 모차르트와 베토벤은 인간의 영감을 천상의 경지까지 끌어올린 선율을 만들었지만 그 선율을 연주할 수 있는 수많은 악기들은 무명의 장인이 만들었습니다. 이처럼 자기 위치에서 묵묵히 제 할 일을 다하는 보통 사람들 역시 위대합니다.

Those who create are rare; those who cannot are numerous.
Therefore, the latter are stronger.

새로운 발상에 놀라지 마라,
다수가 받아들이지 않는다고 해서
더 이상 진실이 아니지는 않다는 것을
잘 알지 않는가

바뤼흐 스피노자 Baruch Spinoza

새로운 발상을 할 수 있다는 것은 그만큼 고정관념에 파묻혀 있지 않다는 것입니다. 새로운 발상을 말할 수 있는 사람이 많을수록 새로운 세상이 열릴 것입니다. 비록 고정관념에 파묻힌 다수가 받아들이지 않는다 하더라도 새로운 발상을 하는 사람이 많고 그것이 끊임없이 계속된다면 결코 세상은 멈추지 않을 것입니다.

Be not astonished at new ideas; for it is well known to you that a thing does not therefore cease to be true because it is not accepted by many.

자신이 성공하는 내면의 그림을
마음속에 명확히 그리고 지울 수 없게 각인시켜라
이 그림을 끈질기게 간직하라
절대 희미해지도록 내버려두지 마라
그대의 마음이 이 그림을 실현하기 위해 노력할 것이다
당신의 상상 속에 어떠한 장애물도 두지 마라

하기 쉬운 일만 골라 하면서 보람 있는 인생을 산 사람은 없습니다. 하기 힘든 일에 도전하지 않으면서 의미 있는 인생을 산 사람도 없습니다.

Formulate and stamp indelibly on your mind a mental picture of yourself as succeeding. Hold this picture tenaciously. Never permit it to fade. Your mind will seek to develop the picture...Do not build up obstacles in your imagination.

우리의 목표는 우리에게 주어진 이 삶을
최대한 의미 있게 사는 것, 자부심을 느낄 수 있도록
올바르게 사는 것, 죽은 후에도 우리의 일부가 영원토록
올바르게 행동하는 것이다

오스왈드 스펭글러 Oswald Spengler

들에 핀 꽃 하나, 미물 하나도 존재 이유가 있듯 우리가 이 세상에 태어난 것은 대단한 일입니다. 나란 존재에 담긴 거대한 의미를 기억하세요. 그러면 나를 더 사랑하고 올바르게 살기 위해 노력할 것입니다.

This is our purpose: to make as meaningful as possible this life that has been bestowed upon us; to live in such a way that we may be proud of ourselves; to act in such a way that some part of us lives on.

무엇을 시작하기 전에, 예측할 수 없는 어려움과 지연이
기다리고 있다는 점을 기억하라. 이를 분명히 볼 수 있다면,
당연히 이를 제거할 수 있겠지만, 그럴 수 없다.
당신은 단 한 가지만을 분명히 볼 수 있고,
그것은 당신의 목표다. 머리속에 목표에 대한
비전을 구상하고 어떤 고난이 있어도 그것을 고수하라

캐슬린 노리스 Kathleen Norris

이른 아침, 졸린 눈을 비비고 침대에서 일어날 때 꾸
벅꾸벅 졸면서 별의별 생각을 하던 경험 있나요? 그
'별의별 생각'을 '일'과 '개인적인 일정'으로 바꾸어보세요.
아직 잠이 덜 깬 상태더라도 '이렇게 되면 좋겠다'고 생각
하는 모습을 1분 정도 상상해보는 것입니다. 앞으로 펼쳐질
하루에 대해 모든 일이 잘 풀려나갈 것이라고 생각함으로
써 긍정적인 하루를 시작할 수 있습니다.

Before you begin a thing, remind yourself that difficulties and delays quite impossible to foresee are ahead. If you could see them clearly, naturally you could do a great deal to get rid of them but you can't. You can only see one thing clearly and that is your goal. Form a mental vision of that and cling to it through thick and thin.

우리 모두가 할 수 있는 일을 해낸다면,
우리 자신이 가장 놀라게 될 것이다

토마스 A. 에디슨 Thomas A. Edison

"어리석은 자가 산을 옮긴다."라는 말이 있습니다. 인생은 장거리 마라톤이지 단거리 달리기가 아닙니다. 절대 오를 수 없을 것 같은 신의 벽을 만나더라도 10년이든, 20년이든 할 수 있다는 생각으로 꾸준히 오르다 보면 어느 날 그 벽을 넘어버린 자신을 보게 됩니다. 산다는 것은 긴긴 세월에 걸쳐 하는 장거리 승부입니다.

If we all did the things we are capable of doing, we would literally astound ourselves.

설명하지 마라
친구라면 설명할 필요가 없고,
적이라면 어차피
당신을 믿으려 하지 않을 테니까

엘버트 허버드 Elbert Hubbard

말하지 않아도 전해지는 마음, 표현하지 않아도 알 수 있는 마음, 함께 있는 것만으로도 소중한 사람들. 더 잘해주지 못해 마음 한편에 남아 있는 아쉬움. 이 모든 것들이 마음 속에 있는 참 좋은 씨앗이 보여주는 결실이자 열매입니다.

Never explain - your friends do not need it and your enemies will not believe you anyway

단지 얘기 들어줄
사람이 필요해 우정을 키우는 것은
좋지 않다

라와나 블랙웰 Lawana Blackwell

친구라고 해서 자신의 말을 들어줘야 한다고 생각하지 마십시오. 누군가와 가까운 관계가 될수록 현명하고 예의 바르게 행동하는 것이 중요합니다. 진정한 우정이란 천천히 자라는 식물과 같아서 이름을 지어주기 전에 역경을 겪고 이겨내야만 합니다. 언젠가 적이 될 수도 있다는 생각으로 친구를 대하십시오.

It isn't kind to cultivate a friendship just so one will have an audience

YOUTHHOOD

사람과의 관계가
힘들 때

지혜가
필요해

진실은 보통 모함에 맞서는 최고의 해명이다

에이브러햄 링컨 Abraham Lincoln

몸에 맞는 옷처럼 자연스럽더라도 거짓은 거짓입니다. 본질을 놓치지 않는다면 우리는 거짓에 현혹되지 않고 빠져나올 수 있습니다. 낯설더라도 진실을 의심할 수는 없으며 어떤 어려움이 닥치더라도 진실을 포기해서는 안 됩니다. 마음을 곧추 세우고 자기 판단이 분명해야 매사에 사리 분별이 가능함을 명심하세요.

Truth is generally the best vindication against slander.

자신을 화나게 했던 행동을
다른 이에게 행하지 마라

소크라테스 Socrates

누군가를 완전히 이해할 수는 없습니다. 그렇지만 누군가를 이해하려고 노력할 수는 있지요. 그 첫 번째 방법으로 자신을 화나게 했던 행동을 다른 이에게 행하지 않도록 노력해보세요. 사람의 마음이란 누구나 마찬가지라서 내게 언짢았던 일은 다른 사람에게도 기분 나쁜 일이 됩니다.

Do not do to others what angers you if done to you by others.

사람과 짐승은 소소한 차이가 있을 뿐이고, 대부분의 사람은 그 차이조차 없다

공자 Confucius

우리는 행색이 초라하거나 가진 것이 없어 보이는 사람을 낮추어보는 경향이 있습니다. 그런 사람들을 보면 말을 하지는 않더라도 무언의 경멸을 보내곤 하지요. 하지만 겉모습이 번지르르 하다고 해서 다 좋은 건 아닙니다. 겉이 아니라 속을 볼 줄 알아야 합니다. 옷차림이 후줄근해도, 사는 곳이 초라해도 그는 당신에게 지혜를 줄 수 있습니다.

Humankind differs from the animals only by a little, and most people throw that away.

우리는 사랑하는
친구들에 의해서만 알려진다

윌리엄 셰익스피어 William Shakespeare

친구란 인생이라는 배의 돛과 같다고 할 만큼 한 사람의 인생에 미치는 영향이 큽니다. 그렇기 때문에 좋은 친구, 좋은 우정은 한 사람의 행복 지표에 필히 영향을 미치게 됩니다. 그러나 우정은 천천히 자라는 나무와 같아서 우정이 완성되기 위해서는 믿음, 이해, 용기, 사랑, 정의감, 칭찬, 관심, 배려, 예의 등의 거름을 주어야 비로소 열매를 맺을 수 있습니다.

We are advertised by our loving friends.

어떤 사람은 단 한 시간 만에
남들이 일주일 동안 남긴 것보다
더 깊은 인상을 줄 수 있다

함께 일한 지 한 달밖에 안 되었는데도 일 년을 함께 한 것처럼 편하고 친숙한 사람이 있습니다. 반면 3년을 같이 일해도 늘 낯설고 어색한 사이가 있지요. 당신은 동료에게, 이웃에게 어떤 사람인가요? 또한 어떤 사람이고 싶나요? 사람 간의 관계란 결코 시간에 비례하지 않습니다.

Some can stay longer in an hour than others can in a week.

누구에게나 친구는
어느 누구에게도 친구가 아니다

아리스토텔레스 Aristotle

적이 없는 사람은 언뜻 착하고 좋은 사람으로 보일 수 있습니다. 하지만 적이 없다는 것은 순수한 독재자이거나 오히려 아무 의견이 없는 사람일 수 있습니다. 그가 만일 독재자라면 진정한 친구를 만나기 어려울 것이고, 그가 만일 아무 의견도 내세우지 않고 그저 남의 의견에 따르기만 하는 사람이라면 친구로 둘 필요가 없습니다.

A friend to all is a friend to none.

타인의 단점을 찾으려고 한다면, 분명히 찾을 것이다

에이브러햄 링컨 Abraham Lincoln

우리는 모두 하나의 영혼을 갖고 이 세상에 온 존재들입니다. 아무리 완벽한 사람처럼 보여도 단점을 찾으려면 분명히 찾을 것이지만, 그렇다고 해서 그 단점이 영혼 그 자체를 달라지게 하지는 못합니다. 비록 우스꽝스러워 보이거나 초라해 보이더라도 나와 똑같이 한 영혼을 갖고 온 존재라는 생각으로 존중해야 합니다. 사람의 영혼이란 높고 낮을 수 없고 귀하고 천할 수 없으니까요.

If you look for the bad in people, you will surely find it.

모든 미덕은 올바른 행위를 통해
요약되어 나타난다

아리스토텔레스 Aristotle

어떤 일이든 일을 만든 사람의 손에서 실패하고, 어떤 물건이든 물건을 가진 사람의 손에서 잃어버립니다. 순리대로 사는 것이 중요합니다. 해야 할 일이 아닌데 억지로 시도하지 말 것이며 자기 것이 아닌데 집착하지 않도록 해야 합니다.

All virtue is summed up in dealing justly.

겁쟁이는 사랑을 드러낼 능력이 없다
사랑은 용기 있는 자의 특권이다

마하트마 간디 Mahatma Gandh

사랑을 하려면 용기가 있어야 합니다. 좋아하는 사람이 있습니까? 가서 고백하십시오. 거절당할까 두려운가요? 친구조차도 되지 못할까 겁이 나나요? 그것은 겁쟁이나 하는 짓입니다. 그냥 있으면 좋아하는 사람은 아무것도 모릅니다. 차이면 그냥 차이세요. 타이밍이 중요합니다. 고민만 하느라 사랑을 고백할 기회를 놓치지 마십시오.

A coward is incapable of exhibiting love; it is the prerogative of the brave.

우리는 오로지 사랑을 함으로써
사랑을 배울 수 있다

아이리스 머독 Iris Murdoch

동행할 사람이 있다는 건 행복한 일입니다. 동반자가 있다는 건 삶이 주는 오아시스 같은 것입니다. 내가 누리고 보고 느낄 수 있는 이유는 누군가의 사랑과 희생과 기도가 있기 때문입니다. 참으로 행복한 일은 우리는 누군가와 함께할 때 의미 있는 존재이고, 사랑을 함으로써 사랑을 배울 수 있다는 것입니다.

We can only learn to love by loving.

실제로 느끼지 못하는 사랑을
느끼는 척하지 마라
사랑은 우리가 좌지우지할 수 없으므로…

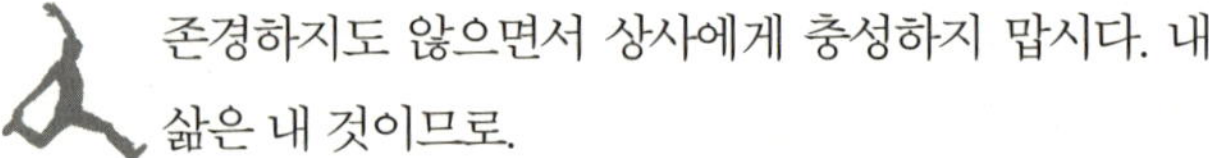

존경하지도 않으면서 상사에게 충성하지 맙시다. 내 삶은 내 것이므로.
의무감 때문에 거짓 충성, 거짓 사랑을 하지 맙시다. 서로의 인생을, 시간을 줄일 뿐이므로.

Never pretend to a love which you do not actually feel, for love is not ours to command.

나는 내가 아픔을 느낄 만큼 사랑하면
아픔은 사라지고 더 큰 사랑만이 생겨난다는
역설을 발견했다

마더 테레사 Mother Teresa

'살아 있는 성녀'로 불렸던 테레사 수녀는 한평생 가난한 사람들을 돌보는 삶을 살았습니다. 1979년 노벨 평화상 시상식장에서 그녀는 "세계 평화를 위해 어떤 일을 해야 합니까?"라는 질문에 "집에 돌아가 가족을 사랑해주세요."라고 답했습니다. 혹시 우리는 위대한 일을 꿈꾸느라 위대한 사랑의 힘을 놓치고 있는 것은 아닌지 모르겠습니다.

I have found the paradox that if I love until it hurts, then there is
no hurt, but only more love.

마음에 대해 논할 때,
자기기만에 대해서는 할 말이 많다

다이앤 프롤로브 Diane Frolov

'자기기만'이란 스스로 자신을 속이는 행위를 말합니다. 흥미로운 점은 속이는 주체와 속이는 대상이 동일하다는 것입니다. 그래서 하는 말이 "그때 내가 실제로 할 수 있는 일은 없었어."라는 것이죠. 비겁한 변명으로 자신조차 속이며 살아가야 할까요? 완전한 자유를 가지고 미래의 다양한 가능성에 직면하여 스스로 선택한 자신의 삶을 만들어가야 할까요? 선택은 각자의 몫이겠죠.

There's a lot to be said for self-delusionment when it comes to matters of the heart.

사랑에 의해 행해지는 것은
언제나 선악을 초월한다

프레드리히 니체 Friedrich Nietzsche

사랑을 주고 싶어 하고 사랑을 받고 싶은 것은 인간의 당연한 본능입니다. 그 본능이 북돋우어지고 성공적으로 채워지면 한없이 건설적이게 되지만, 그렇지 못할 경우에는 우울해지고 비뚤어집니다. 선악은 날 때부터 정해지는 것이 아니라 인간의 본능과 욕망이 결정짓는다는 니체의 사고방식은 순수하고 지극한 사랑 또한 선악의 갈림길에서 선택을 해야 할 수도 있음을 일깨웁니다.

What is done out of love always takes place beyond good and evil.

나는 혼자 있을 때
가장 외롭지 않았다

에드워드 기본 Edward Gibon

누군가와 같이 있을 때 오히려 더 외로울 때가 있습니다. 직장 동료들과 늘 밝은 모습으로 인사하고 웃으며 대화를 나누지만 돌아설 때면 쓸쓸함이 묻어날 때가 있습니다. 사람들 사이에서 외로움을 느낀다면 가장 먼저 생각나는 친구에게 전화해보세요. 진심 어린 말을 주고받을 수 있는 친구가 필요한 순간입니다.

I was never less aone than when by myself.

당신이 행한 봉사에 대해서는 말을 아끼라
그러나 당신이 받았던
호의들에 대해서는 이야기하라

세네카 Seneca

사람들은 대개 자신이 베푼 것은 오래 기억하는 반면, 다른 사람에게서 받은 도움이나 관심은 쉽게 잊곤 합니다. 그러나 자기 칭찬은 오만과 자만입니다. 반대로 타인의 칭찬은 배려와 사랑임을 기억하십시오.

Be silent as to services you have rendered, but speak of favours you have received.

만약 누군가를 당신의 편으로 만들고 싶다면, 먼저 당신이 그의 진정한 친구임을 확신시켜라

에이브러햄 링컨 Abraham Lincoln

사람들은 자신이 원하는 것에만 관심이 있습니다. 하지만 내가 원하는 것이 아니라 상대방이 원하는 것이 무엇인가, 그들이 갖고자 하는 것이 무엇인가, 그들이 성취하는 데 있어 무엇을 도와줄까, 이것을 생각하면 다른 사람들의 마음에 열렬한 욕구를 불러일으킬 수 있습니다. 예를 들어 세일즈맨이 자신이 제공하는 서비스가 우리가 가진 문제 해결에 도움이 된다는 것을 보여준다면 우리는 분명 그 제품을 구입하지 않을까요?

If you would win a man to your cause, first convince him that you are his sincere friend.

한순간의 화를 참는다면,
100일간의 슬픔에서 벗어날 수 있다

랄프 에머슨 Ralph Waldo Emerson

도저히 받아들일 수 없고 이해할 수 없는 상황에 처했다면 잠시 눈을 감고 숨을 크게 들이마시며 꾹 참아보세요. 당신이 숨을 고르는 그 짧은 시간이 엄청난 후폭풍을 잠재울 수 있습니다. 홧김에 순간적으로 우리는 너무나 많은 후회의 씨앗을 심고 있습니다.

If you are patient in one moment of anger, you will escape a hundred days of sorrow.

정직은 서로의 피부 속까지 들어가서 살만큼 가까워질 수 있는 유일한 방법이다

로이스 맥마스터 부욜 Lois McMaster Bujold

바르고 곧은 마음으로 대한 상대와 가까워지면, 가까워진 거리만큼 따뜻함이 생깁니다. 그리고 그 따뜻함이 다시 다른 이에게 정직함으로 다가섭니다. 사람에게 존경받는 비밀은 정직에 있습니다. 사람들은 부지런함이나 능력보다 정직에 더 많은 점수를 주기 때문입니다. 정직하면 바로 존경하지만, 정직하지 못하면 아무리 뛰어난 능력을 가졌다 해도 부러워만 할 뿐 존경하지 않습니다. 정직만큼 큰 지혜는 없습니다.

Honesty is the only way with anyone, when you'll be so close as to be living inside each other's skins.

어떤 관계는 싸움으로 시작해…
하지만 보통 로맨틱 코미디 영화에서나 그렇지
인생은 영화가 아니야

이까쿠 다카유키 Takayuki Ikkaku

살다 보면 수많은 갈등을 만나게 됩니다. 관계라는 것이 누군가에게 상처를 주기도 하지만 누군가로부터 이유 없는 상처를 받기도 하지요. 요즘 힘들게 하는 누군가가 있다면 현명하게 싸우고 이겨내는 대안을 찾아보세요. 함께 할 수밖에 없다면 갈등의 주변인들을 보듬어 안아 봅시다.

Some relationships start with fights... But, usually only in romantic comedies. Life's not the movies.

두 사람이 만나는 것은
두 가지 화학 물질이 접촉하는 것과 같다
어떤 반응이 일어나면 둘다 완전히 바뀌게 된다

칼 융 Carl Jung

만남은 존재와 존재가 마주하는 일입니다. 어떤 만남도 의미 없는 만남은 없습니다. 오늘의 나를 일깨우고 다시 살아갈 힘을 주는 것은 만남 안에 담긴 의미를 기억하는 일입니다. 좋은 만남을 통해 누군가를 변화시키는 기쁨이 있었으면 좋겠습니다.

The meeting of two personalities is like the contact of two chemical substances: if there is any reaction, both are transformed.

당신이 은혜를 베푼 사람보다는
당신에게 호의를 베푼 사람이 당신에게
또 다른 호의를 베풀 준비가 되어 있을 것이다

벤자민 프랭클린 Benjamin Franklin

은혜를 베풀었는데 원수로 갚은 사람이 있습니까? 그는 그저 거울에 비친 자신을 노려보고 짖는 성질 나쁜 개에 불과합니다. 나쁘게 대했지만 사랑을 베푼 사람이 있습니까? 그 역시 평화 가득한 사랑이 넘치는 그의 상태를 당신이라는 거울을 통해 보고 호의를 베푼 것입니다. 내가 베푼 친절이 다시 내게로 돌아올 것이라는 헛된 기대는 내려놓고 누군가 친절을 베푼다면 감사하는 마음을 꼭 표현하도록 합시다.

He that has done you a kindness will be more ready to do you another, than he whom you yourself have obliged.

한 사람이 다른 사람을 사랑하는 것은
모든 일 중 가장 어려운 일이고,
궁극적인 최후의 시험이자 증명이며,
그 외 모든 일은 이를 위한 준비일 뿐이다

라이너 마리아 릴케 Rainer Maria Rilke

사랑을 하기 전과 사랑을 하고 있을 때의 모습이 어떻게 달랐는지 떠올려 보세요. 사전에서 '사랑'을 찾아보면 상대를 열렬히 좋아하는 마음이라고 합니다. 누군가를 열렬히 좋아하는 마음을 가진 사람은 마치 천국에 있는 사람처럼 어느 순간 자기도 모르게 미소를 짓게 되거나 누군가가 실수를 하더라도 너그럽게 용서할 수 있는 여유를 갖게 됩니다. 하지만 그것이 가장 어려운 일임은 부인할 수 없습니다.

For one human being to love another; that is perhaps the most difficult of all our tasks, the ultimate, the last test and proof, the work for which all other work is but preparation.

만약 우리가 어떻게 느꼈는지
남들에게 항상 말한다면
얼마나 끔찍할지 상상할 수 있어?
인생은 견딜 수 없을 만큼 견딜만할 거야

랜디 K. 멀홀랜드 Randy K. Milholland

커뮤니케이션에 있어서 첫 출발은 솔직함이라고 하지요. 하지만 상대에 대한 존중이 없는 솔직함은 독이 되는 경우가 있습니다. 혹시 자기 마음 편하자고 거리낌 없이 하고 싶은 말을 다 쏟아내고 있지는 않나요? 솔직함을 방패삼아 원망과 감정의 찌꺼기를 상대에게 뱉어내고 있는 것은 아닌지 생각해봅시다. 너무 솔직하면 주위 사람들이 피곤할 수 있습니다.

다른 사람들을 평가한다면
그들을 사랑할 시간이 없다

마더 테레사 Mother Teresa.

사람을 평가하는 최선의 방법은 무엇일까요? 그들이 하는 행동은 그들이 누구인지 말해줍니다. 그러므로 다른 사람의 하는 당장의 말을 평가하기 전에 그들의 하는 행동을 시간을 갖고 지켜보기 바랍니다. 그 과정에서 어쩌면 당신은 그들을 평가하는 대신 애정을 느끼게 될 수도 있습니다.

If you judge people, you have no time to love them.

떠날 때가 되었으니, 이제 각자의 길을 가자
나는 죽기 위해서, 당신들은 살기 위해
어느 편이 더 좋은 지는 오직 신만이 알 뿐이다

소크라테스 Socrates

사형선고를 당해 독약을 마시고 죽던 날. 얼마든지 벌금을 내거나 망명을 해서 살아날 수 있었는데도 죽음을 택한 소크라테스는 새로운 여행에 들떠 육신이 죽더라도 영혼은 불생불멸이며 육신을 떠난 영혼이 가는 곳은 이 세상과 비교도 할 수 없을 만큼 아름답고 밝고 환한 곳이라고 말했다지요. 태어난 자는 누구나 한 번은 죽습니다. 그러나 죽음의 공포에 사로잡힌 사람은 한 번만 통과하면 될 공포의 문을 수백 번, 수천 번 통과할 수밖에 없습니다.

The hour of departure has arrived, and we go our ways - I to die, and you to live. Which is better God only knows.

함께 있을 때 웃음이 나오지 않는 사람과는
결코 진정한 사랑에 빠질 수 없다

아그네스 리플라이어 Agnes Repplier

바라보기만 해도 웃음이 나는 사람이 있다면 당신은 사랑에 빠진 것입니다. 사랑에 삐지면 감정을 들킬 수밖에 없습니다. 학창 시절 써보고 안 써봤던 연애편지도 애가 타서 다시 쓸 수밖에 없을 겁니다. 사랑은 그런 것이니까요. 만약 사랑하는 사람을 떠올릴 때 웃음이 지어지지 않는다면 당신의 사랑을 다시 한 번 점검해보세요.

We cannot really love anybody with whom we never laugh.

다른 누군가가 되어서 사랑받기보다는
있는 그대로의 나로서 미움 받는 것이 낫다

커트 코베인 Kurt Cobain

끝까지 한결같기를 바라는 마음은 첫 마음을 지켜내는 일입니다. 한곳 한자리를 바라보는 일은 어려워도 의미 있는 일입니다. 그 안에 담긴 나를 위해 펼쳐졌던 사랑을 기억하는 것이기 때문입니다. 애정과 관심을 얻기 위해 나를 버리고 다른 사람이 되어서는 안 되는 이유이기도 합니다.

I'd rather be hated for who I am than be loved for who I'm not.

선물로 친구를 사지 마라
선물을 주지 않으면
그 친구의 사랑도 끝날 것이다

토마스 풀러 Thomas Fuller

프랑스의 고전작가 라로슈푸코는 "진실한 친구는 인생의 가장 커다란 축복"이라고 했고, 아리스토텔레스는 "친구는 제2의 재산"이라고 했습니다. 진정한 친구는 위기의 순간에 위로가 되어주고, 진실한 충고를 서슴지 않습니다. 그러나 그런 진정한 친구를 얻기 위해선 스스로가 먼저 진정한 친구가 되어야 합니다. 돈으로 선물로 친구를 살 수는 없습니다.

Purchase not friends by gifts; when thou ceasest to give, such will cease to love.

사랑하는 사람에게 할 수 있는 가장 나쁜 일은
바로 그들이 할 수 있고 해야 할 일을
대신해주는 것이다

에이브러햄 링컨 Abraham Lincoln

진정한 의미의 자립을 이루기 위해서는 직장을 가지고 자신이 번 돈으로 생활을 하면서, 자신의 일은 자신이 스스로 판단하고 결정할 수 있어야 합니다. 또 그에 대한 책임을 질 수 있어야 하지요. 그러므로 진정으로 사랑하는 사람이 있다면 그들의 일을 대신 해줄 것이 아니라 고달프고 수고롭게 해서라도 자립할 수 있는 능력을 길러주는 것이 필요합니다. 나이가 들어서도 누군가에게 계속 의지한다면 사랑으로 시작했던 베풂이 모두의 불행이 될지도 모를 일입니다.

The worst thing you can do for those you love is the things they could and should do themselves.

사랑이 변해 생긴
증오처럼 맹렬한 것은 하늘 아래 없으며,
경멸당한 여성의 분노처럼 격렬한 것은
지옥에서조차 없다

윌리엄 콩그리브 William Congreve

어떤 한 사람을 생각하면 판단력이 흐려지고 심장박동이 빨라지고 얼굴이 붉어집니다. 이는 사랑일까요? 증오일까요? 사랑과 증오는 반대말 같지만 본질은 같습니다. 미치도록 사랑하는 사이였다가 어떤 계기로 저주를 퍼붓는 사람들. 왜 우리는 우리가 가장 사랑한 것을 파멸시키는 걸까요? 어떤 사랑은 끝나면 증오로 변합니다. 그렇게 증오로 변한 사랑은 상대뿐만 아니라 자기 자신도 자멸하게 만드는 무서운 힘을 갖는다는 것. 잊지 않았으면 좋겠습니다.

Heaven has no rage like love to hatred turned, Nor hell a fury like a woman scorned.

수 마일의 거리가
당신과 친구를 떼어놓을 수도 있다
하지만 사랑하는 누군가와
정말 함께 있고 싶다면,
이미 거기 가 있지 않겠는가?

리처드 바크 Richard Bach

물리적인 거리보다 마음의 거리가 중요합니다. 지금은 전화라는 통신수단이 있어서 거리가 멀다는 핑계는 궁핍한 변명에 불과하죠. 마음이 멀어져서라는 이유가 더 진실일 수 있습니다. 누군가와 마음의 거리를 좁히고 싶다면 자주 연락하고 만나세요. 가끔은 물리적인 거리도 줄어들게 말입니다.

Can miles truly separate you from friends.... If you want to be with someone you love, aren't you already there?

STAND 2
FINISH

내가 좋아하거나 존경하는 사람들의
공통분모는 찾을 수 없지만,
내가 사랑하는 사람들의 공통된 특징은
찾을 수 있다. 그들은 나를 웃게 만든다

오든 W. H. Auden

당신도 혹시 그런 사람인가요? 누군가를 웃게 만드는……. 서로가 즐겁기를 바라고 서로가 웃어주기를 바라고 모든 마음을 다해 이해하려 하는 사람들. 언제나 웃을 수 있게 만들어줘서 고맙다는 인사는 당신이 먼저 해보세요.

Among those whom I like or admire, I can find no common denominator, but among those whom I love, I can: all of them make me laugh.

공자 Confucius

《논어》의 '양화편'에 실린 공자의 말입니다. 습관과 환경의 중요성을 강조하고 있는 말이지요. 사람은 습관에 따라 그 성품이 선하게 되기도 하고 악하게 되기도 합니다. 어려서부터 좋은 습관을 길러주면 천성처럼 굳어집니다.

By nature, men are nearly alike; by practice, they get to be wide apart.

행복한 삶의 비밀은
올바른 관계를 형성하고
그것에 올바른 가치를 매기는 것이다

노먼 토머스 Norman Thomas

습관성 긴장으로 고민하는 사람이 있었습니다. 그의 위장은 자주 통증을 일으켰고 일에 대한 열정도 식어 갔습니다. 그에게 물어보았습니다. "행복하고 싶지 않습니까?" 그는 대답했습니다. "행복하고 싶습니다." 그래서 그에게 하루에 세 가지씩 다른 사람을 돕거나 즐거움을 주는 일을 하도록 하였습니다. 그는 '항상 웃으며 인사하기', '궂은 일 먼저하기' 등 몇 가지 원칙을 정하고 매일 실천하였습니다. 그렇게 몇 달이 지나자 그는 동료들 사이에서 가장 인기 있는 사람이 되어 있었습니다. 자신이 먼저 마음을 열고 행동하면 행복한 관계를 창조할 수 있습니다.

The secret of a good life is to have the right loyalties and hold them in the right scale of values.

인생에 있어서 최고의 행복은
우리가 사랑 받고 있음을 확신하는 것이다

빅터 위고 Victor Hugo

누군가 자신을 사랑해준다면 그 사람은 외톨이가 아닙니다. 사랑은 참으로 강한 것이라서 좌절과 실의에 빠진 사람을 구할 수 있으며 한 사람의 생명을 구할 수도 있습니다. 그것이 바로 사랑의 힘입니다. 우리 모두가 주변 사람들로부터 관심과 사랑을 받고 있다는 것을 느낄 수 있고 확신할 수 있다면, 행복은 바로 거기에 있습니다.

Life's greatest happiness is to be convinced we are loved.

모든 언행을 칭찬하는 자보다
결점을 친절하게 말해주는 친구를 가까이 하라

소크라테스 Socrates

여러 명이 있는 데서 한 사람만을 꼬집어 칭찬을 하면 오히려 역효과를 낼 수 있다고 합니다. 어느 한 명밖에 볼 줄 모르는 사람으로 여겨지거나 칭찬하지 못한 나머지 사람들에게 실망감을 줄 수 있기 때문입니다. 심할 경우에는 칭찬을 받은 그 사람이 미움이 대상이 될 수도 있습니다. 칭찬을 하려면 따로 불러서 당사자에게만 하는 게 바람직하다고 하네요.

Think not those faithful who praise all your words and actions; but those who kindly reprove your faults.

당신이 잘나갈 때 사람들에게 친절하라
언제가 인생의 내리막에서 그들을 만날 수 있다

월슨 미즈너 Wilson Mizner

인생은 말 그대로 굴곡의 연속입니다. 신의 아들이
아닌 이상 인생이 마냥 좋게만, 마냥 나쁘게만 흘러
가지는 않지요. 그래서 올라갈 때가 있으면 내려갈 때도 있
다는 것을 늘 가슴에 새겨야 합니다. 인생의 오르막에서 아
무렇지도 않게 베푼 친절은 언젠가 당신이 내리막을 걸을
때 큰 보답으로 돌아올 것입니다.

청춘을 위한 한줄공감

초판 1쇄 발행 2014년 1월 5일

지은이 윤태근
펴낸이 윤주용

펴낸곳 초록비책공방
출판등록 2013년 4월 25일 제2013-000130
주소 서울시 마포구 성미산로 5길 23
전화 0505-566-5522 팩스 02-6008-1777
메일 jooyongy@daum.net

ISBN 979-11-951742-3-2 13190